Abigail Paddit

GERMAN SHORT STORIES

1945–1955

GERMAN SHORT STORIES
1945–1955

SELECTED AND EDITED BY

H. M. WAIDSON, M.A., D. PHIL.

Senior Lecturer in German at the University of Hull

CAMBRIDGE

AT THE UNIVERSITY PRESS

1959

PUBLISHED BY
THE SYNDICS OF THE CAMBRIDGE UNIVERSITY PRESS

Bentley House, 200 Euston Road, London, N.W. 1
American Branch: 32 East 57th Street, New York 22, N.Y.

First printed 1957
Reprinted 1959

First printed in the Netherlands by Joh. Enschedé en Zonen, Haarlem
Reprinted in Great Britain by offset-litho by Bradford & Dickens, London, W.C. 1

CONTENTS

INTRODUCTION

THE pattern of German literature in the last ten years is not one that can be traced with ease, particularly as this decade has been a time which it is difficult to regard as part of the past, since it lies so close to us. During this time, too, German-speaking people, like other European people, have experienced changes in their social, economic and political life of a more sudden and sweeping nature than at most periods of their history. The twelve years of National Socialist rule ended with the defeat of Germany in the spring of 1945 by Allied armies and the suicide of Hitler in Berlin on 30th April of that year. Germany was then divided into four zones of military occupation, as was also Austria. The first three years of post-war German life were a time of economic chaos and depression, but with the currency reform of 1948 began the stabilization of material life. The British, American and French zones became the Federal German Republic, while the Russian zone remained a separate entity as the German Democratic Republic. The year 1955 saw the end of the official occupation of Germany by the allies of 1945 and the unification of Austria. Switzerland, with its long tradition of political neutrality, has been spared the violent changes of living conditions which have befallen Germany and Austria in the last ten years and earlier in this century.

The dictatorship of the Nazi period made it impossible for authors to treat with frankness contemporary themes in literature. After the collapse of this régime there was a hope that there might be a quantity of imaginative writing of significance that could now be released. The immediate post-war period did not, however, witness any sudden regeneration in prose fiction, and the best-known literary names were at first those of refugees who had left Germany in or after 1933. Since 1948 the novel has been finding fresh vigour. Authors, some of them young, others in middle life, have been given an opportunity to publish their writing. The drama in Germany, on the other hand, has shown much less vitality in the last ten years than have prose fiction and lyrical poetry. In many cases writers

INTRODUCTION

have chosen to give expression to their experiences in the last twenty
years through the medium of the long novel. Thomas Mann's *Doktor
Faustus* (1947) has been the most discussed novel with a political
message, while Theodor Plievier's trilogy *Stalingrad* (1946), *Moskau*
(1952) and *Berlin* (1954) is a massive essay in documentary fiction.

This decade has seen a renewed interest in experimental fiction in
Germany. Tendencies of European writing in the 1920's have been
readily taken up. The French Surrealist poets, the analytical fiction
of James Joyce and Proust with its affinities to Freudian psychology,
the experiments of the German Expressionists and the nightmare
penetration of Kafka's fantasies have formed a considerable stimulus
to a generation of German writers which has shown a keen awareness
of international literary movements. In their preoccupation with the
border country of conscious and subconscious mind a number of
German authors have blended realism and fantasy with a realization
of kinship with their predecessors of the German Romantic period —
Novalis, Jean Paul and E. T. A. Hoffmann. The most ambitious
experiments in the stream of consciousness manner have been made
by Hermann Broch (*Der Tod des Vergil*, 1945) and by Elisabeth
Langgässer.

In Western Germany the last ten years have also been marked by
a wish to preserve traditional values, and among literary people the
Christian viewpoint has found a wider acceptance than it had done
in the earlier years of the twentieth century. It was Goethe's *Wilhelm
Meisters Lehrjahre* (1794-6) which established as the principal form
in the long novel the *Bildungsroman*, the novel of individual develop-
ment, and this particular form has preserved its influence down to
the present day. This tradition is present in the background of such
works as Hermann Hesse's *Das Glasperlenspiel* (1943), Gertrud von
Le Fort's *Das Schweißtuch der Veronika* (1928-46) and Ernst Jünger's
Heliopolis (1949), as also in the autobiographical prose of Hans
Carossa. The *Bildungsroman* is, however, an expansive and essentially
undramatic form of fiction. In the nineteenth century the *Novelle*,
or long-short story, became the chief vehicle for formally taut story-
telling with an insistence upon conflict, surprise and crisis and an

avoidance of leisurely introspection. The outstanding exponent of the *Novelle* in contemporary German writing is Werner Bergengruen.

The short story is by no means so firmly established in Germany as a literary form as are the *Novelle* and the long novel. Since 1945, however, it has aroused a greater interest among German writers. The selection of stories and sketches that follows consists of short works which are complete in themselves. It is not claimed that any such brief anthology can give a representative picture of German prose writing in the period under consideration, but these tales should help to give a few indications of some tendencies of recent German writing and also be of interest as examples of contemporary prose style. The purpose of the vocabulary is to enable those who are learning German to read the stories more quickly, so that they may enjoy them for their intrinsic interest in addition to using them as a vehicle for learning the foreign language. I have particularly had in mind readers at Advanced and Intermediate level.

For permission to reprint the stories in this volume I should like to express my thanks to: S. Fischer Verlag, Frankfurt am Main, for Ilse Aichinger's *Seegeister*; Verlag der Arche, Zürich, for Werner Bergengruen's *Zwei Präsentiergeschichten*; Verlag Friedrich Middelhauve, Opladen, for Heinrich Böll's *Der Mann mit den Messern* and *Über die Brücke*; Rowohlt Verlag, Hamburg, for Wolfgang Borchert's *Der viele viele Schnee, Eisenbahnen, nachmittags und nachts* and *Hamburg* and Kurt Kusenberg's *Wer ist man?*; Gebrüder Weiß Verlag, Berlin, and the author, for Bertolt Brecht's *Die unwürdige Greisin*; Claassen Verlag, Hamburg, for Elisabeth Langgässer's *Der Erstkommuniontag*; Carl Schünemann Verlag, Bremen, for Heinz Risse's *Scherzo, Belohne dich selbst, Fluß ohne Brücke* and *Reisen bildet*.

Here are a few references to help in further reading of German prose of the last ten years:
Bithell, Jethro, ed. *Germany: A Companion to German Studies*, 4th ed. (1955).

Grenzmann, Wilhelm, *Dichtung und Glaube*, 2nd ed. (Bonn, 1952).

Holthusen, Hans Egon, *Der unbehauste Mensch. Motive und Probleme der modernen Literatur* (Munich, 1951).

Kutzbach, Karl August, ed. *Autorenlexikon der Gegenwart* (Bonn, 1950).

Lennartz, Franz, ed. *Die Dichter unserer Zeit*, 5th ed. (Stuttgart, 1952).

Majut, R., "Geschichte des deutschen Romans vom Biedermeier bis zur Gegenwart", *Deutsche Philologie im Aufriß* (ed. Wolfgang Stammler), vol. II, Berlin, Bielefeld and Munich, 1955.

Martin, Jacques, "Romans et romanciers de l'Allemagne d'après-guerre", *Etudes Germaniques*, Paris and Lyons, vol. VIII, nos. 2-3 (1953).

Martini, Fritz, *Deutsche Literaturgeschichte. Von den Anfängen bis zur Gegenwart*, 5th ed. (Stuttgart, 1955).

Waidson, H. M., "Experiment and Tradition: Some German Fiction since 1945", *German Life and Letters*, n.s. vol. VII, nos. 2 and 4 (1954).

HULL, AUGUST 1956   H. M. WAIDSON

HEINRICH BÖLL

HEINRICH BÖLL was born in Cologne in 1917, and after being called up for military service in 1938 served in the ranks of the German army until 1945. On returning to civilian life he took up various occupations—student, joiner, clerical worker—until the success of his first books made it possible for him to devote himself fully to writing. His first publication consisted of impressions reflecting war-time experiences, *Der Zug war pünktlich* (1949; English translation, *The train was on time*, 1956, by Richard Graves). The two stories which are included in the present anthology are taken from the volume of short stories, *Wanderer, kommst du nach Spa . . .* (1950). Böll's first novel *Wo warst du, Adam* (1951; English translation, *Where were you Adam*, 1955, by Mervyn Savill), is about the war, from the withdrawal of German troops from Rumania in 1943 to the days of surrender in 1945. Since this he has written two further novels, both dealing with family life in Western Germany since the war. *Und sagte kein einziges Wort* (1953; English translation, *Acquainted with the Night*, 1955, by Richard Graves) tells of the problems besetting the married life of a couple in early middle age and their children, and how psychological problems are aggravated by bad housing conditions. *Haus ohne Hüter* (1954) again emphasizes the importance of the family as a social unit, and much of the action is seen from the point of view of an eleven-year-old boy whose father was killed during the war in Russia. A shorter tale, *Nicht nur zur Weihnachtszeit* (1954), is an amusing and sharp satire on the German Christmas. *Das Brot der frühen Jahre*, a love story, appeared in 1955.

Böll has a sharpness of vision which enables him to present to his readers fresh angles of everyday living. He writes about the problems which face the ordinary man and woman in Germany, with a sense of the poignancy and tension latent in all human relationships. The two stories given here reflect the situation in Germany between 1945 and 1948; *Der Mann mit den Messern* in particular portrays the mood of two returned prisoners of war who have to adjust themselves to life amid the ruins.

DER MANN MIT DEN MESSERN

JUPP hielt das Messer vorne an der Spitze der Schneide und ließ es lässig wippen, es war ein langes, dünngeschliffenes Brotmesser, und man sah, daß es scharf war. Mit einem plötzlichen Ruck warf er das Messer hoch, es schraubte sich mit einem propellerartigen Surren hinauf, während die blanke Schneide in einem Bündel letzter Sonnenstrahlen wie ein goldener Fisch flimmerte, schlug oben an, verlor seine Schwingung und sauste scharf und gerade auf Jupps Kopf hinunter; Jupp hatte blitzschnell einen Holzklotz auf seinen Kopf gelegt; das Messer pflanzte sich mit einem Ratsch fest und blieb dann schwankend haften. Jupp nahm den Klotz vom Kopf, löste das Messer und warf es mit einem ärgerlichen Zucken in die Tür, wo es in der Füllung nachzitterte, ehe es langsam auspendelte und zu Boden fiel . . .

"Zum Kotzen", sagte Jupp leise. "Ich bin von der einleuchtenden Voraussetzung ausgegangen, daß die Leute, wenn sie an der Kasse ihr Geld bezahlt haben, am liebsten solche Nummern sehen, wo Gesundheit oder Leben auf dem Spiel stehen — genau wie im römischen Zirkus —, sie wollen wenigstens wissen, daß Blut fließen *könnte*, verstehst du?" Er hob das Messer auf und warf es mit einem knappen Schwingen des Armes in die oberste Fenstersprosse, so heftig, daß die Scheiben klirrten und aus dem bröckeligen Kitt zu fallen drohten. Dieser Wurf — sicher und herrisch — erinnerte mich an jene düsteren Stunden der Vergangenheit, wo er sein Taschenmesser die Bunkerpfosten hatte hinauf- und hinunterklettern lassen. "Ich will ja alles tun", fuhr er fort, "um den Herrschaften einen Kitzel zu verschaffen. Ich will mir die Ohren abschneiden, aber es findet sich leider keiner, der sie mir wieder ankleben könnte; und ohne Ohren leben — da wäre ich doch lieber in der Gefangenschaft[1] geblieben. Komm mal mit." Er riß die Tür auf, ließ mich vorgehen, und wir traten ins Treppenhaus, wo die Tapetenfetzen nur noch an jenen Stellen hafteten, wo man sie der Stärke des Leimes wegen nicht hatte

[1] *in der Gefangenschaft*: as a prisoner of war in 1945.

abreißen können, um den Ofen mit ihnen anzuzünden. Dann durch-
schritten wir ein verkommenes Badezimmer und kamen auf eine Art
Terrasse, deren Beton brüchig und von Moos bewachsen war. Jupp
deutete in die Luft.

"Die Sache wirkt natürlich besser, je höher das Messer fliegt. Aber
ich brauche oben einen Widerstand, wo das Ding gegen schlägt und
seinen Schwung verliert, damit es recht scharf und gerade herunter-
saust auf meinen nutzlosen Schädel. Sieh mal." Er zeigte nach oben,
wo das Eisenträgergerüst eines verfallenen Balkons in die Luft ragte.

"Hier habe ich trainiert. Ein ganzes Jahr. Paß auf." Er ließ das
Messer hochsausen, es stieg mit einer wunderbaren Regelmäßigkeit
und Stetigkeit, es schien sanft und mühelos zu klettern wie ein
Vogel, schlug dann gegen einen der Träger, raste mit einer atem-
beraubenden Schnelligkeit herunter und schlug heftig in den Holzklotz. Der Schlag allein mußte schwer zu ertragen sein. Jupp zuckte
mit keiner Wimper. Das Messer hatte sich einige Zentimeter tief ins
Holz gepflanzt.

"Das ist doch prachtvoll, Mensch", rief ich, "das ist doch ganz toll,
das müssen sie doch anerkennen, das ist doch eine Nummer!"

Jupp löste das Messer gleichgültig aus dem Holz, packte es am
Griff und hieb in die Luft.

"Sie erkennen es ja an, sie geben mir zwölf Mark für den Abend,
und ich darf zwischen zwei größeren Nummern ein bißchen mit dem
Messer spielen. Aber die Nummer ist zu schlicht. Ein Mann, ein
Messer, ein Holzklotz, verstehst du? Ich müßte ein halbnacktes
Weib haben, dem ich die Messer haarscharf an der Nase vorbei-
flitzen lasse. Dann würden sie jubeln. Aber such solch ein Weib!"

Er ging voran, und wir traten in sein Zimmer zurück. Er legte
das Messer vorsichtig auf den Tisch, den Holzklotz daneben und
rieb sich die Hände. Dann setzten wir uns auf die Kiste neben dem
Ofen und schwiegen. Ich nahm mein Brot aus der Tasche und fragte:
"Darf ich dich einladen?"

"O, gern, aber ich will Kaffee kochen. Dann gehst du mit und siehst
dir meinen Auftritt an."

Er legte Holz auf und setzte den Topf über die offene Feuerung.

3

"Es ist zum Verzweifeln", sagte er, "ich glaube, ich sehe zu ernst aus, vielleicht noch ein bißchen nach Feldwebel, was?"

"Unsinn, du bist ja nie ein Feldwebel gewesen. Lächelst du, wenn sie klatschen?"

"Klar — und ich verbeuge mich."

"Ich könnt's nicht. Ich könnt nicht auf 'nem Friedhof lächeln."

"Das ist ein großer Fehler, gerade auf 'nem Friedhof muß man lächeln."

"Ich versteh dich nicht."

"Weil sie ja nicht tot sind. Keiner ist tot, verstehst du?"

"Ich versteh schon, aber ich glaub's nicht."

"Bist eben doch noch ein bißchen Oberleutnant. Na, das dauert eben länger, ist klar.[1] Mein Gott, ich freu mich, wenn's ihnen Spaß macht. Sie sind erloschen, und ich kitzele sie ein bißchen und laß mir's bezahlen. Vielleicht wird einer, ein einziger nach Hause gehen und mich nicht vergessen. 'Der mit dem Messer, verdammt, der hatte keine Angst, und ich hab immer Angst, verdammt' wird er vielleicht sagen, denn sie haben alle immer Angst. Sie schleppen die Angst hinter sich wie einen schweren Schatten, und ich freu mich, wenn sie's vergessen und ein bißchen lachen. Ist das kein Grund zum Lächeln?"

Ich schwieg und lauerte auf das Brodeln des Wassers. Jupp goß in dem braunen Blechtopf auf, und dann tranken wir abwechselnd aus dem braunen Blechtopf und aßen mein Brot dazu. Draußen begann es leise zu dämmern, und es floß wie eine sanfte graue Milch ins Zimmer.

"Was machst d u eigentlich?" fragte Jupp mich.

"Nichts . . ., ich schlage mich durch."

"Ein schwerer Beruf."

"Ja — für das Brot habe ich hundert Steine suchen und klopfen müssen. Gelegenheitsarbeiter."

"Hm . . . hast du Lust, noch eins meiner Kunststücke zu sehen?" Er stand auf, da ich nickte, knipste Licht an und ging zur Wand,

[1] *Na, das dauert eben länger, ist klar:* "Oh well, that just lasts longer, it's obvious" (i.e. the fact that the narrator has been an officer in the army).

4

wo er einen teppichartigen Behang beiseite schob; auf der rötlich
getünchten Wand wurden die mit Kohle grob gezeichneten Umrisse
eines Mannes sichtbar: eine sonderbare, beulenartige Erhöhung,
dort wo der Schädel sein mußte, sollte wohl einen Hut darstellen.
Bei näherem Zusehen sah ich, daß er auf eine geschickt getarnte Tür
gezeichnet war. Ich beobachtete gespannt, wie Jupp nun unter seiner
kümmerlichen Liegestatt einen hübschen braunen Koffer hervorzog,
den er auf den Tisch stellte. Bevor er ihn öffnete, kam er auf mich zu
und legte vier Kippen vor mich hin. "Dreh zwei dünne davon", sagte er.

Ich wechselte meinen Platz, so daß ich ihn sehen konnte und zugleich mehr von der milden Wärme des Ofens bestrahlt wurde.
Während ich die Kippen behutsam öffnete, indem ich mein Brot-
papier als Unterlage benutzte, hatte Jupp das Schloß des Koffers
aufspringen lassen und ein seltsames Etui hervorgezogen; es war eins
jener mit vielen Taschen benähten Stoffetuis, in denen unsere Mütter
ihre Aussteuerbestecks aufzubewahren pflegten. Er knüpfte flink
die Schnur auf, ließ das zusammengerollte Bündel über den Tisch
aufgleiten, und es zeigte sich ein Dutzend Messer mit hörnernen
Griffen, die in der Zeit, wo unsere Mütter Walzer tanzten, 'Jagd-
besteck' genannt worden waren.

Ich verteilte den gewonnenen Tabak gerecht auf zwei Blättchen
und rollte die Zigaretten.

"Hier", sagte ich.

"Hier", sagte auch Jupp und: "Danke". Dann zeigte er mir das
Etui ganz.

"Das ist das einzige, was ich vom Besitz meiner Eltern gerettet
habe. Alles verbrannt, verschüttet, und der Rest gestohlen. Als ich
elend und zerlumpt aus der Gefangenschaft kam, besaß ich nichts —
bis eines Tages eine vornehme alte Dame, Bekannte meiner Mutter,
mich ausfindig gemacht hatte und mir dieses hübsche kleine Köfferchen überbrachte. Wenige Tage, bevor sie von den Bomben getötet
wurde, hatte meine Mutter dieses kleine Ding bei ihr sichergestellt,
und es war gerettet worden. Seltsam. Nicht wahr? Aber wir wissen
ja, daß die Leute, wenn sie die Angst des Untergangs ergriffen hat,
die merkwürdigsten Dinge zu retten versuchen. Nie das Notwendige.

Ich besaß also jetzt immerhin den Inhalt dieses kleinen Koffers: den braunen Blechtopf, zwölf Gabeln, zwölf Messer und zwölf Löffel und das große Brotmesser. Ich verkaufte Löffel und Gabeln, lebte ein Jahr davon und trainierte mit den Messern, dreizehn Messern. Paß auf . . ."

Ich reichte ihm den Fidibus, an dem ich meine Zigarette entzündet hatte. Jupp klebte die Zigarette an seine Unterlippe, befestigte die Schnur des Etuis an einem Knopf seiner Jacke oben an der Schulter und ließ das Etui auf seinen Arm abrollen, den es wie ein merkwürdiger Kriegsschmuck bedeckte. Dann entnahm er mit einer unglaublichen Schnelligkeit die Messer dem Etui, und noch ehe ich mir über seine Handgriffe klargeworden war, warf er sie blitzschnell alle zwölf gegen den schattenhaften Mann an der Tür, der jenen grauenhaft schwankenden Gestalten[1] ähnelte, die uns gegen Ende des Krieges als Vorboten des Untergangs von allen Plakatsäulen, aus allen möglichen Ecken entgegenschaukelten. Zwei Messer saßen im Hut des Mannes, je zwei über jeder Schulter, und die anderen zu je dreien an den hängenden Armen entlang . . .

"Toll!" rief ich, "toll! Aber das ist doch eine Nummer, mit ein bißchen Untermalung."

"Fehlt nur der Mann, besser noch das Weib. Ach", er pflückte die Messer wieder aus der Tür und steckte sie sorgsam ins Etui zurück. "Es findet sich ja niemand. Die Weiber sind zu bange, und die Männer sind zu teuer. Ich kann's ja verstehen, ist ein gefährliches Stück."

Er schleuderte nun die Messer wieder blitzschnell so, daß der ganze schwarze Mann mit einer genialen Symmetrie genau in zwei Hälften geteilt war. Das dreizehnte große Messer stak wie ein tödlicher Pfeil dort, wo das Herz des Mannes hätte sein müssen.

Jupp zog noch einmal an dem dünnen, mit Tabak gefüllten Papierröllchen und warf den spärlichen Rest hinter den Ofen.

"Komm", sagte er, "ich glaub, wir müssen gehen." Er steckte den

---

[1] *jenen grauenhaft schwankenden Gestalten*: In the last days and weeks of the war in 1945 people who showed signs of unco-operativeness with authority were summarily hanged in the streets by Nazis. Cf. Theodor Plievier's documentary novel *Berlin*.

Kopf zum Fenster raus, murmelte irgend etwas von "verdammtem Regen" und sagte dann: "Es ist ein paar Minuten vor acht, um halb neun ist mein Auftritt."

Während er die Messer wieder in den kleinen Lederkoffer packte, hielt ich mein Gesicht zum Fenster hinaus. Verfallene Villen schienen im Regen leise zu wimmern, und hinter einer Wand scheinbar schwankender Pappeln hörte ich das Kreischen der Straßenbahn. Aber ich konnte nirgendwo eine Uhr entdecken.

"Woher weißt du denn die Zeit?"

"Aus dem Gefühl — das gehört mit zu meinem Training —"

Ich blickte ihn verständnislos an. Er half erst mir in den Mantel und zog dann seine Windjacke über. Meine Schulter ist ein wenig gelähmt, und über einen beschränkten Radius hinaus kann ich die Arme nicht bewegen, es genügt gerade zum Steineklopfen. Wir setzten die Mützen auf und traten in den düsteren Flur, und ich war nun froh, irgendwo im Hause wenigstens Stimmen zu hören, Lachen und gedämpftes Gemurmel.

"Es ist so", sagte Jupp im Hinuntersteigen, "ich habe mich bemüht, gewissen kosmischen Gesetzen auf die Spur zu kommen. So." Er setzte den Koffer auf einen Treppenabsatz und streckte die Arme seitlich aus, wie auf manchen antiken Bildern Ikarus[1] abgebildet ist, als er zum fliegenden Sprung ansetzt. Auf seinem nüchternen Gesicht erschien etwas seltsam Kühl-Träumerisches, etwas halb Besessenes und halb Kaltes, Magisches, das mich maßlos erschreckte. "So", sagte er leise, "ich greife einfach hinein in die Atmosphäre, und ich spüre, wie meine Hände länger und länger werden und wie sie hinaufgreifen in einen Raum, in dem andere Gesetze gültig sind, sie stoßen durch eine Decke, und dort oben liegen seltsame, bezaubernde Spannungen, die ich greife, einfach greife . . . und dann zerre ich ihre Gesetze, packe sie, halb räuberisch, halb wollüstig und nehme sie mit!" Seine Hände krampften sich, und er zog sie ganz nahe an den Leib. "Komm", sagte er, und sein Gesicht war wieder nüchtern. Ich folgte ihm benommen . . .

[1] *Ikarus:* In classical legend Icarus and his father Daedalus learnt to fly by procuring wings and fastening them on with wax.

7

Es war ein leiser, stetiger und kühler Regen draußen. Wir klappten die Kragen hoch und zogen uns fröstelnd in uns selbst zurück. Der Nebel der Dämmerung strömte durch die Straßen, schon gefärbt mit der bläulichen Dunkelheit der Nacht. In manchen Kellern der zerstörten Villen brannte ein kümmerliches Licht unter dem überragenden schwarzen Gewicht einer riesigen Ruine. Unmerklich ging die Straße in einen schlammigen Feldweg über, wo links und rechts in der dichtgewordenen Dämmerung düstere Bretterbuden in den mageren Gärten zu schwimmen schienen wie drohende Dschunken auf einem seichten Flußarm. Dann kreuzten wir die Straßenbahn, tauchten unter in den engen Schächten der Vorstadt, wo zwischen Schutt- und Müllhalden einige Häuser im Schmutz übrig geblieben sind, bis wir plötzlich auf eine sehr belebte Straße stießen; ein Stück weit ließen wir uns vom Strom der Menge mittragen und bogen dann in die dunkle Quergasse, wo die grelle Lichtreklame der 'Sieben Mühlen' sich im glitzernden Asphalt spiegelte.

Das Portal zum Varieté war leer. Die Vorstellung hatte längst begonnen, und durch schäbigrote Portieren hindurch erreichte uns der summende Lärm der Menge.

Jupp zeigte lachend auf ein Photo in den Aushängekästen, wo er in einem Cowboykostüm zwischen zwei süß lächelnden Tänzerinnen hing, deren Brüste mit schillerndem Flitter bespannt waren.

"Der Mann mit den Messern", stand darunter.

"Komm", sagte Jupp wieder, und ehe ich mich besonnen hatte, war ich in einen schlecht erkennbaren schmalen Eingang gezerrt. Wir erstiegen eine enge Wendeltreppe, die nur spärlich beleuchtet war und wo der Geruch von Schweiß und Schminke die Nähe der Bühne anzeigte. Jupp ging vor mir — und plötzlich blieb er in einer Biegung der Treppe stehen, packte mich an den Schultern, nachdem er wieder den Koffer abgesetzt hatte, und fragte mich leise:

"Hast du Mut?"

Ich hatte diese Frage schon so lange erwartet, daß mich ihre Plötzlichkeit nun erschreckte. Ich mag nicht sehr mutig ausgesehen haben, als ich antwortete:

"Den Mut der Verzweiflung."

"Das ist der richtige", rief er mit gepreßtem Lachen. "Nun?"

Ich schwieg, und plötzlich traf uns eine Welle wilden Lachens, die aus dem engen Aufgang wie ein heftiger Strom auf uns zuschoß, so stark, daß ich erschrak und mich unwillkürlich fröstelnd schüttelte.

"Ich hab Angst", sagte ich leise.

"Hab ich auch. Hast du kein Vertrauen zu mir?"

"Doch gewiß . . . aber . . . komm", sagte ich heiser, drängte ihn nach vorne und fügte hinzu: "Mir ist alles gleich."

Wir kamen auf einen schmalen Flur, von dem links und rechts eine Menge roher Sperrholzkabinen abgeteilt waren; einige bunte Gestalten huschten umher, und durch einen Spalt zwischen kümmerlich aussehenden Kulissen sah ich auf der Bühne einen Clown, der sein Riesenmaul aufsperrte; wieder kam das wilde Lachen der Menge auf uns zu, aber Jupp zog mich in eine Tür und schloß hinter uns ab. Ich blickte mich um. Die Kabine war sehr eng und fast kahl. Ein Spiegel hing an der Wand, an einem einsamen Nagel war Jupps Cowboykostüm aufgehängt, und auf einem wackelig aussehenden Stuhl lag ein altes Kartenspiel. Jupp war von einer nervösen Hast; er nahm mir den nassen Mantel ab, knallte den Cowboyanzug auf den Stuhl, hing meinen Mantel auf, dann seine Windjacke. Über die Wand der Kabine hinweg sah ich an einer rotbemalten dorischen Säule eine elektrische Uhr, die fünfundzwanzig Minuten nach acht zeigte.

"Fünf Minuten", murmelte Jupp, während er sein Kostüm überstreifte.

"Sollen wir eine Probe machen?"

In diesem Augenblick klopfte jemand an die Kabinentür und rief: "Fertigmachen!"

Jupp knöpfte seine Jacke zu und setzte einen Wildwesthut auf. Ich rief mit einem krampfhaften Lachen: "Willst du den zum Tode Verurteilten erst probeweise henken?"

Jupp ergriff den Koffer und zerrte mich hinaus. Draußen stand ein Mann mit einer Glatze, der den letzten Hantierungen des Clowns auf der Bühne zusah. Jupp flüsterte ihm irgend etwas ins Ohr, was ich nicht verstand, der Mann blickte erschreckt auf, sah mich an, sah

9

Jupp an und schüttelte heftig den Kopf. Und wieder flüsterte Jupp
auf ihn ein.

Mir war alles gleichgültig. Sollten sie mich lebendig aufspießen
ich hatte eine lahme Schulter, hatte eine dünne Zigarette geraucht
morgen sollte ich für fünfundsiebzig Steine dreiviertel Brot bekom
men. Aber morgen . . . Der Applaus schien die Kulissen umzuweher
Der Clown torkelte mit müdem, verzerrtem Gesicht durch den Spal
zwischen den Kulissen auf uns zu, blieb einige Sekunden dort stehe.
mit einem griesgrämigen Gesicht und ging dann auf die Bühn
zurück, wo er sich mit liebenswürdigem Lächeln verbeugte. Di
Kapelle spielte einen Tusch. Jupp flüsterte immer noch auf den Man
mit der Glatze ein. Dreimal kam der Clown heraus und dreimal gin
er hinaus auf die Bühne und verbeugte sich lächelnd! Dann began
die Kapelle einen Marsch zu spielen, und Jupp ging mit forsche
Schritten, sein Köfferchen in der Hand, auf die Bühne. Matte
Händeklatschen begrüßte ihn. Mit müden Augen sah ich zu, wi
Jupp die Karten an offenbar vorbereitete Nägel heftete und wie e
dann die Karten der Reihe nach mit je einem Messer aufspießte
genau in der Mitte. Der Beifall wurde lebhafter, aber nicht zündend
Dann vollführte er unter leisem Trommelwirbel das Manöver mi
dem großen Brotmesser und dem Holzklotz, und durch alle Gleich
gültigkeit hindurch spürte ich, daß die Sache wirklich ein bißche
mager war. Drüben auf der anderen Seite der Bühne blickten ei
paar dürftig bekleidete Mädchen zu . . . Und dann packte mic
plötzlich der Mann mit der Glatze, schleifte mich auf die Bühne
begrüßte Jupp mit einem feierlichen Armschwenken und sagte mi
einer erkünstelten Polizistenstimme: "Guten Abend, Herr Bor
galewski."

"Guten Abend, Herr Erdmenger", sagte Jupp, ebenfalls in diese
feierlichen Ton.

"Ich bringe Ihnen hier einen Pferdedieb, einen ausgesprochene
Lumpen, Herr Borgalewski, den Sie mit Ihren sauberen Messern ers
ein bißchen kitzeln müssen, ehe er gehängt wird . . . einen Lum
pen . . ." Ich fand seine Stimme ausgesprochen lächerlich, kümmer
lich künstlich, wie Papierblumen und billigste Schminke. Ich war

einen Blick in den Zuschauerraum, und von diesem **Augenblick an**, vor diesem flimmernden, lüsternen, vieltausendköpfigen, gespannten Ungeheuer, das im Finstern wie zum Sprung dasaß, schaltete ich einfach ab.

Mir was alles scheißegal, das grelle Licht der Scheinwerfer blendete mich, und in meinem schäbigen Anzug mit den elenden Schuhen mag ich wohl recht nach Pferdedieb ausgesehen haben.

"Oh, lassen Sie ihn mir hier, Herr Erdmenger, ich werde mit dem Kerl schon fertig."

"Gut, besorgen Sie's ihm und sparen Sie nicht mit den Messern."

Jupp schnappte mich am Kragen, während Herr Erdmenger mit gespreizten Beinen grinsend die Bühne verließ. Von irgendwoher wurde ein Strick auf die Bühne geworfen, und dann fesselte mich Jupp an den Fuß einer dorischen Säule, hinter der eine blau angestrichene Kulissentür lehnte. Ich fühlte etwas wie einen Rausch der Gleichgültigkeit. Rechts von mir hörte ich das unheimliche, wimmelnde Geräusch des gespannten Publikums, und ich spürte, daß Jupp recht gehabt hatte, wenn er von seiner Blutgier sprach. Seine Lust zitterte in der süßen, fade riechenden Luft, und die Kapelle erhöhte mit ihrem sentimentalen Spannungstrommelwirbel, mit ihrer leisen Geilheit, den Eindruck einer schauerlichen Tragikomödie, in der richtiges Blut fließen würde, bezahltes Bühnenblut ... Ich blickte starr geradeaus und ließ mich schlaff nach unten sacken, da mich die feste Schnürung des Strickes wirklich hielt. Die Kapelle wurde immer leiser, während Jupp sachlich seine Messer wieder aus den Karten zog und sie ins Etui steckte, wobei er mich mit melodramatischen Blicken musterte. Dann, als er alle Messer geborgen hatte, wandte er sich zum Publikum, und auch seine Stimme war ekelhaft geschminkt, als er nun sagte: "Ich werde Ihnen diesen Herrn mit Messern umkränzen, meine Herrschaften, aber Sie sollen sehen, daß ich nicht mit stumpfen Messern werfe ..." Dann zog er einen Bindfaden aus der Tasche, nahm mit unheimlicher Ruhe ein Messer nach dem anderen aus dem Etui, berührte damit den Bindfaden, den er in zwölf Stücke zerschnitt; jedes Messer steckte er ins Etui zurück.

Währenddessen blickte ich weit über ihn hinweg, weit über die Kulissen, weit weg auch über die halbnackten Mädchen, wie mir schien, in ein anderes Leben . . .

Die Spannung der Zuschauer elektrisierte die Luft. Jupp kam auf mich zu, befestigte zum Schein den Strick noch einmal neu und flüsterte mir mit weicher Stimme zu: "Ganz, ganz still halten, und hab Vertrauen, mein Lieber . . ."

Seine neuerliche Verzögerung hatte die Spannung fast zur Entladung gebracht, sie drohte ins Leere auszufließen, aber er griff plötzlich seitlich, ließ seine Hände ausschweben wie leise schwirrende Vögel, und in sein Gesicht kam jener Ausdruck magischer Sammlung, den ich auf der Treppe bewundert hatte. Gleichzeitig schien er mit dieser Zauberergeste auch die Zuschauer zu beschwören. Ich glaubte ein seltsam schauerliches Stöhnen zu hören, und ich begriff, daß das ein Warnungssignal für mich war.

Ich holte meinen Blick aus der unendlichen Ferne zurück, blickte Jupp an, der mir jetzt so gerade gegenüberstand, daß unsere Augen in einer Linie lagen; dann hob er die Hand, griff langsam zum Etui und ich begriff wieder, daß das ein Zeichen für mich war. Ich stand still, ganz still und schloß die Augen . . .

Es war ein herrliches Gefühl; es währte vielleicht zwei Sekunden, vielleicht zwanzig Sekunden, ich weiß es nicht. Während ich das leise Zischen der Messer hörte und den kurzen heftigen Luftzug, wenn sie neben mir in die Kulissentür schlugen, glaubte ich auf einem sehr schmalen Balken über einem unendlichen Abgrund zu gehen. Ich ging ganz sicher und fühlte doch alle Schauer der Gefahr . . . ich hatte Angst und doch die volle Gewißheit, nicht zu stürzen; ich zählte nicht, und doch öffnete ich die Augen in dem Augenblick, als das letzte Messer neben meiner rechten Hand in die Tür schoß . . .

Ein stürmischer Beifall riß mich vollends hoch; ich schlug die Augen ganz auf und blickte in Jupps bleiches Gesicht, der auf mich zugestürzt war und nun mit nervösen Händen meinen Strick löste. Dann schleppte er mich in die Mitte der Bühne vorn an die Rampe; er verbeugte sich, und ich verbeugte mich; er deutete in dem anschwellenden Beifall auf mich und ich auf ihn; dann lächelte er mich an, ich lächelte ihn an, und wir verbeugten uns zusammen lächelnd vor dem Publikum.

In der Kabine sprachen wir beide kein Wort. Jupp warf das durchlöcherte Kartenspiel auf den Stuhl, nahm meinen Mantel vom Nagel und half mir, ihn anzuziehen. Dann hing er sein Cowboykostüm wieder an den Nagel, zog seine Windjacke an, und wir setzten die Mützen auf. Als ich die Tür öffnete, stürzte uns der kleine Mann mit der Glatze entgegen und rief: "Gage erhöht auf vierzig Mark!" Er reichte Jupp ein paar Geldscheine. Da begriff ich, daß Jupp nun mein Chef war, und ich lächelte, und auch er blickte mich an und lächelte.

Jupp faßte meinen Arm, und wir gingen nebeneinander die schmale, spärlich beleuchtete Treppe hinunter, auf der es nach alter Schminke roch. Als wir das Portal erreicht hatten, sagte Jupp lachend: "Jetzt kaufen wir Zigaretten und Brot . . ."

Ich aber begriff erst eine Stunde später, daß ich nun einen richtigen Beruf hatte, einen Beruf, wo ich mich nur hinzustellen brauchte und ein bißchen zu träumen. Zwölf oder zwanzig Sekunden lang. Ich war der Mensch, auf den man mit Messern wirft . . .

ÜBER DIE BRÜCKE

DIE Geschichte, die ich Ihnen erzählen will, hat eigentlich gar keinen Inhalt, vielleicht ist es gar keine Geschichte, aber ich muß sie Ihnen erzählen. Vor zehn Jahren spielte sich eine Art Vorgeschichte ab, und vor wenigen Tagen rundete sich das Bild . . .

Denn vor wenigen Tagen fuhren wir über jene Brücke, die einst stark und breit war, eisern wie die Brust Bismarcks auf zahlreichen Denkmälern, unerschütterlich wie die Dienstvorschriften; es war eine breite, viergleisige Brücke über den Rhein, auf viele schwere Strompfeiler gestützt, und damals fuhr ich dreimal wöchentlich mit demselben Zug darüber: montags, mittwochs und samstags. Ich war damals Angestellter beim Reichsjagdgebrauchshundverband;[1] eine

---

[1] *Reichsjagdgebrauchshundverband:* "State department for the use of dogs for hunting purposes." A coined portmanteau word satirizing the bureaucracy of the Third Reich.

bescheidene Stellung, so eine Art Aktenschlepper. Ich verstand von Hunden natürlich nichts, ich bin ein ungebildeter Mensch. Ich fuhr dreimal in der Woche von Königstadt,[1] wo unser Hauptbüro war, nach Gründerheim, wo wir eine Nebenstelle hatten. Dort holte ich dringende Korrespondenz, Gelder und "schwebende Fälle". Letztere waren in einer großen gelben Mappe. Niemals erfuhr ich, was in der Mappe drin war, ich war ja nur Bote . . .

Morgens ging ich gleich von zu Hause zum Bahnhof und fuhr mit dem Achtuhrzug nach Gründerheim. Die Fahrt dauerte dreiviertel Stunden. Ich hatte auch damals Angst, über die Brücke zu fahren. Alle technischen Versicherungen informierter Bekannter über die vielfache Tragfähigkeit der Brücke nützten mir nichts, ich hatte einfach Angst: die bloße Verbindung von Eisenbahn und Brücke verursachte mir Angst; ich bin ehrlich genug, es zu gestehen. Der Rhein ist sehr breit bei uns. Mit einem leisen Bangen im Herzen nahm ich jedesmal das leise Schwanken der Brücke wahr, dieses schauerliche Wippen sechshundert Meter lang; dann kam endlich das vertrauenerweckende dumpfere Rattern, wenn wir wieder den Bahndamm erreicht hatten, und dann kamen Schrebergärten, viele Schrebergärten — und endlich, kurz vor Kahlenkatten, ein Haus: an dieses Haus klammerte ich mich gleichsam mit meinen Blicken. Dieses Haus stand auf der Erde; meine Augen stürzten sich auf das Haus. Das Haus hatte einen rötlichen Bewurf, war sehr sauber, die Umrandungen der Fenster und alle Sockel waren mit dunkelbrauner Farbe abgesetzt. Zwei Stockwerke, oben drei Fenster und unten zwei, in der Mitte die Tür, zu der eine Freitreppe von drei Stufen emporführte. Und jedesmal, wenn es nicht allzusehr regnete, saß auf dieser Freitreppe ein Kind, ein kleines Mädchen von neun oder zehn Jahren, ein spinnendünnes Mädchen mit einer großen, sauberen Puppe im Arm und blinzelte mißvergnügt zum Zuge herauf. Jedesmal fiel ich gleichsam mit meinen Blicken über das Kind, dann stolperte mein Blick ins linke Fenster, und dort sah ich jedesmal eine Frau, die, neben sich den Putzeimer, mühevoll nach unten gebückt

[1] *Königstadt:* an invented place-name, as also later Gründerheim, Kahlenkatten, etc.

war, den Scheuerlappen in den Händen hielt und putzte. Jedesmal, auch wenn es sehr, sehr regnete, auch wenn das Kind nicht dort auf der Treppe saß. Immer sah ich die Frau: einen mageren Nacken, an dem ich die Mutter des Mädchens erkannte, und dieses Hin- und Herbewegen des Scheuerlappens, diese typische Bewegung beim Putzen. Oft nahm ich mir vor, auch einmal die Möbel in Augenschein zu nehmen, oder die Gardinen, aber mein Blick saugte sich fest an dieser mageren, ewig putzenden Frau, und ehe ich mich besonnen hatte, war der Zug vorbeigefahren. Montags, mittwochs und samstags, es mußte jedesmal so gegen zehn Minuten nach acht sein, denn die Züge waren damals furchtbar pünktlich. Wenn der Zug dann vorbeigefahren war, blieb mir nur ein Blick auf die saubere Rückseite des Hauses, die stumm und verschlossen war.

Ich machte mir selbstverständlich Gedanken über diese Frau und dieses Haus. Alles andere am Wege des Zuges interessierte mich wenig. Kahlenkatten — Bröderkotten — Suhlenheim — Gründerheim, diese Stationen bargen wenig Interessantes. Meine Gedanken spielten immer um jenes Haus. "Warum putzt die Frau dreimal in der Woche?", so dachte ich. Das Haus sah gar nicht so aus, als ob viel dort schmutzig gemacht würde; auch nicht, als ob dort viele Gäste ein- und ausgingen. Es sah fast ungastlich aus, dieses Haus, obwohl es sauber war. Es war ein sauberes und doch unfreundliches Haus.

Wenn ich aber mit dem Elfuhrzug von Gründerheim wieder zurückfuhr und kurz vor zwölf hinter Kahlenkatten die Rückseite des Hauses sah, dann war die Frau dabei, im letzten Fenster rechts die Scheiben zu putzen. Seltsamerweise war sie montags und samstags am letzten Fenster rechts, und mittwochs war sie am mittleren Fenster. Sie hatte das Fensterleder in der Hand und rieb und rieb. Um den Kopf hatte sie ein Tuch von dumpfer, rötlicher Farbe. Das Mädchen sah ich aber bei der Rückfahrt nie, und nun, so gegen Mittag — es muß so kurz vor zwölf gewesen sein, denn die Züge waren damals furchtbar pünktlich —, war die Vorderseite des Hauses stumm und verschlossen.

Obwohl ich mich bei meiner Geschichte bemühen will, nur das zu beschreiben, was ich wirklich sah, so sei doch die bescheidene Andeutung gestattet, daß ich mir nach drei Monaten die Kombination erlaubte, daß die Frau wahrscheinlich dienstags, donnerstags und freitags die anderen Fenster putzte. Diese Kombination, so bescheiden die auch war, wurde allmählich zur fixen Idee. Manchmal grübelte ich den ganzen Weg von kurz vor Kahlenkatten bis Gründerheim darüber nach, an welchen Nachmittagen und Vormittagen wohl die anderen Fenster der beiden Stockwerke geputzt würden. Ja — ich setzte mich hin und machte mir schriftlich eine Art Putzplan. Ich versuchte aus dem, was ich an drei Vormittagen beobachtet hatte, zusammenzustellen, was an den übrigen drei Nachmittagen und vollen Tagen wohl geputzt würde. Denn ich hatte die seltsam fixe Vorstellung, daß die Frau dauernd beim Putzen war. Ich sah sie ja nie anders, immer nur gebückt, mühevoll gebückt, so daß ich sie keuchen zu hören glaubte — um zehn Minuten nach acht; und eifrig reibend mit dem Fensterleder, so daß ich oft die Spitze ihrer Zunge zwischen den zusammengepreßten Lippen zu sehen glaubte — kurz vor zwölf.

Die Geschichte dieses Hauses verfolgte mich. Ich wurde nachdenklich. Das machte mich nachlässig im Dienst. Ja, ich ließ nach. Ich grübelte zu viel. Eines Tages vergaß ich sogar die Mappe "schwebende Fälle". Ich zog mir den Zorn des Bezirkschefs des Reichsjagdgebrauchshundverbandes zu; er zitierte mich zu sich; er zitterte vor Ärger. "Grabowski", sagte er zu mir, "ich hörte, Sie haben die 'schwebenden Fälle' vergessen. Dienst ist Dienst, Grabowski." Da ich verstockt schwieg, wurde der Chef strenger. "Bote Grabowski, ich warne Sie. Der Reichsjagdgebrauchshundverband kann keine vergeßlichen Leute gebrauchen, verstehen Sie, wir können uns nach qualifizierteren Leuten umsehen." Er blickte mich drohend an, aber dann wurde er plötzlich menschlich. "Haben Sie persönliche Sorgen?" Ich gestand leise: "Ja." "Was ist es", fragte er milde. Ich schüttelte nur den Kopf. "Kann ich Ihnen helfen? — Womit?"

"Geben Sie mir einen Tag frei, Herr Direktor", bat ich schüchtern, "sonst nichts." Er nickte großzügig. "Erledigt! Und nehmen Sie meine Worte nicht allzu ernst. Jeder kann einmal etwas vergessen, sonst waren wir ja zufrieden mit Ihnen . . ."

Mein Herz aber jubelte. Diese Unterredung fand an einem Mittwoch statt. Und den nächsten Tag, Donnerstag, sollte ich frei haben. Ich wollte es ganz geschickt machen. Ich fuhr mit dem Achtuhrzug, zitterte mehr vor Ungeduld als vor Angst, als wir über die Brücke fuhren: Sie war dabei, die Freitreppe zu putzen. Mit dem nächsten Gegenzug fuhr ich von Kahlenkatten wieder zurück und kam so gegen neun an ihrem Hause wieder vorbei: oberes Stockwerk, mittleres Fenster, Vorderfront. Ich fuhr viermal hin und zurück an diesem Tage und hatte den ganzen Donnerstagsplan fertig: Freitreppe, mittleres Fenster Vorderfront, mittleres Fenster, oberes Stockwerk, Hinterfront, Boden, vordere Stube, oben. Als ich zum letzten Male um sechs Uhr das Haus passierte, sah ich einen kleinen gebückten Mann mit bescheidenen Bewegungen im Garten arbeiten. Das Kind, die saubere Puppe im Arm, blickte ihm zu wie eine Wächterin. Die Frau war nicht zu sehen . . .

Aber das alles spielte sich vor zehn Jahren ab. Vor einigen Tagen fuhr ich wieder über jene Brücke. Mein Gott, wie gedankenlos war ich in Königstadt in den Zug gestiegen! Ich hatte die ganze Geschichte vergessen. Wir fuhren mit einem Zug aus Güterwagen, und als wir uns dem Rhein näherten, geschah etwas Seltsames: Ein Waggon vor uns verstummte nach dem anderen; es war ganz merkwürdig, so als sei der ganze Zug von fünfzehn oder zwanzig Waggons wie eine Reihe von Lichtern, von denen nun eins nach dem andern erlosch. Und wir hörten ein scheußliches, hohles Rattern, ein ganz windiges Rattern; und plötzlich war es, als werde mit kleinen Hämmern unter den Boden unseres Waggons geklopft, und auch wir verstummten und sahen es: nichts, nichts . . . nichts; links und rechts von uns war nichts, eine gräßliche Leere . . . ferne sah man die Uferwiesen des Rheines . . . Schiffe . . . Wasser, aber der Blick wagte sich gleichsam nicht zu weit hinaus: Der Blick sogar schwindelte. Nichts, einfach nichts! Am Gesicht einer blassen, stummen Bauernfrau sah ich, daß sie betete, andere steckten sich mit zitternden Händen Zigaretten an; sogar die Skatspieler in der Ecke waren verstummt . . . .

Dann hörten wir, daß die vorderen Wagen schon wieder auf

festem Boden fuhren, und wir dachten alle das gleiche: die haben es hinter sich. Wenn uns etwas passiert, die können vielleicht abspringen, aber wir, wir fuhren im vorletzten Wagen, und es war fast sicher, daß wir abstürzen würden. Die Gewißheit stand in unseren Augen und in unseren blassen Gesichtern. Die Brücke war ebenso breit wie der Schienenstrang, ja, der Schienenstrang selbst war die Brücke, und der Rand des Wagens ragte noch über die Brücke hinaus ins Nichts, und die Brücke wankte, als wolle sie uns abwippen ins Nichts...

Aber dann kam plötzlich ein solideres Rattern, wir hörten es näher kommen, ganz deutlich, und dann wurde es auch unter unserem Wagen gleichsam dunkler und fester, dieses Rattern, wir atmeten auf und wagten einen Blick hinaus: Da waren Schrebergärten! Oh, Gott segne die Schrebergärten! Aber dann erkannte ich plötzlich die Gegend, mein Herz zitterte seltsam, je näher wir Kahlenkatten kamen. Für mich gab es nur eine Frage: würde jenes Haus noch dort stehen? Und dann sah ich es; erst von ferne durch das zarte, dünne Grün einiger Bäume in den Schrebergärten, die rote, immer noch saubere Fassade des Hauses, die näher und näher kam. Eine namenlose Erregung ergriff mich; alles, alles, was damals vor zehn Jahren gewesen war, und alles, was dazwischen gewesen war, tobte wie ein wildes, reißendes Durcheinander in mir. Und dann kam das Haus mit Riesenschritten ganz nahe, und dann sah ich sie, die Frau: Sie putzte die Freitreppe. Nein, sie war es nicht, die Beine waren jünger, etwas dicker, aber sie hatte die gleichen Bewegungen, die eckigen, ruckartigen Bewegungen beim Hin- und Herbewegen des Scheuerlappens. Mein Herz stand ganz still, mein Herz trat auf der Stelle. Dann wandte die Frau nur einen Augenblick das Gesicht, und ich erkannte sofort das kleine Mädchen von damals; dieses spinnenartige, mürrische Gesicht, und im Ausdruck ihres Gesichtes etwas Säuerliches, etwas häßlich Säuerliches wie von abgestandenem Salat...

Als mein Herz langsam wieder zu klopfen anfing, fiel mir ein, daß an diesem Tage wirklich Donnerstag war...

ELISABETH LANGGÄSSER

ELISABETH LANGGÄSSER was born in 1899 in Alzey (Rhein-hessen), and went to school in Darmstadt. She was a school teacher in this neighbourhood for about ten years before settling in Berlin after her marriage in 1929. Her first writings included lyrical poetry, short stories and a novel of childhood *Proserpina* (1932). Her second novel *Der Gang durch das Ried* (1936) depicts the personality of a mentally unbalanced man who tries in vain to reconcile his childhood memories of Germany with his adult personality as a French ex-soldier. This work is written in the complex, dithyrambic, symbolic manner, with its use of the interior monologue technique and its emphasis on psychological analysis rather than on outward action, which is characteristic of the author's large-scale writings. It aroused the disapproval of the Nazi authorities, who forbade Elisabeth Langgässer to publish further. During the war she was conscripted into factory work, and her eldest daughter was taken to Auschwitz concentration camp. Elisabeth Langgässer became widely known in Germany with the publication of her long novel *Das unauslöschliche Siegel* in 1946. This work tells of the inner life of a non-believing Jew who becomes converted to the Roman Catholic faith. The author's last novel *Märkische Argonautenfahrt*, published after her death in 1950, again has for its theme the overcoming of nihilism by religious faith; the setting is Germany during the summer of 1945.

The tale that follows is taken from the volume *Der Torso* (1947), which contains eighteen short stories taking place in Germany during the war or the immediate post-war period. *Der Erstkommuniontag* reflects the innocence of a small girl who is blissfully unaware of the anxieties faced by the adults during the last weeks and days of the war in Berlin.

DER ERSTKOMMUNIONTAG

Es fing damit an, daß das Kind an der Haustür noch einmal umkehren mußte, um den wärmeren Mantel zu holen, der Himmel war grau, die Luft voller Schnee, aber die Wolken hingen sehr hoch, und der

Wind, der inzwischen aufkam, würde sie möglicherweise rasch auseinandertreiben.

"Du mußt dich nicht kränken", sagte die Mutter, als sie den alten, vertragenen Mantel mit dem abgeschabten Kaninchenpelz von dem Haken herunternahm. "Erstkommunionkinder haben immer schlechtes Wetter an ihrem Tag. Das war auch schon bei mir ganz genau so, als ich noch klein war wie du." Sie seufzte ein wenig und dachte: "Gar nichts war so. Natürlich das Wetter. Aber sonst —." Das Kind schien nicht hinzuhören, die Mutter sagte rasch und ermunternd: "Ein Glück, daß ich dir das Schottenkleidchen mit den langen Ärmeln gegeben habe; das weiße hast du dann nachmittags zum Kaffeetrinken an."

"Ja — wenn wir die Torte essen", erwiderte das Kind. "Meine Torte."

"Denke an alles", ermahnte die Mutter noch einmal. "Du weißt doch —"

"Ich weiß: an die Eltern", wiederholte das Kind gehorsam. "An Onkel Erich in Kanada und meine tote Oma; daß Vati nicht mehr zum Volkssturm muß, und daß die Russen bald hier sind —"

"Um Gotteswillen, bist du verrückt?" rief die Mutter ärgerlich aus. Sie nahm das Kind an der Hand und ging mit ihm aus der Tür.

"Wie kommst du darauf? Wenn dich einer gehört hat," sagte sie ganz verwirrt. Aber eigentlich war sie nicht böse darüber. Angela fühlte es ganz genau und sagte mit einem verschmitzten Lächeln: "Ich denke es doch bloß. Ich sage es nur in meinem Herzen, wenn ich den Heiland empfangen habe . . ." Dieser Satz kam ganz nüchtern und kindlich an der Gefühlsgrenze ihrer sieben mageren Mädchenjahre heraus und überschritt diese Grenze mit keinem einzigen Wort.

"Vergiß nicht, gleich nach der Kommunion das Gesicht in die Hände zu legen", fing die Mutter von neuem an. "Wir mußten viel mehr behalten als du, wir haben tagelang eingeübt, wie man hin- und zurückgeht, mit Kerzen und ohne, rechtsum und linksum, wer da nicht achtgab, brachte die Reihe durcheinander und störte die Feierlichkeit."

"Und bekam keine Torte zu essen?" fragte das Kind gespannt.

"Doch", sagte die Mutter, leicht gereizt. "Aber wir haben an diesem Tag wirklich an andere Dinge als an die Torte gedacht."

"Hattet ihr auch eine Gittertorte?"

"Angela", sagte die Mutter gequält, "nun halte aber den Mund."

"Also gut. Ich denke an alles und lege auch das Gesicht in die Hände, wenn ich wieder an meinem Platz bin", sagte die Kleine ernst.

"Sitzt mein Kränzchen gerade?"

Natürlich vergaß sie hinterher doch, das Gesicht in die Hände zu legen. Sie war zu glücklich — ein Herz voller Glück, ein Mund voller Süßigkeit. Der reine, zarte Geschmack der Hostie, die sich auf ihre rosige Zunge wie auf ein Magnolienblatt legte ... das Gefühl der Bedeutung des Augenblicks und ein plötzlich erwachtes Bewußtsein ihrer gesteigerten Größe ... ließ das Kind alles andre vergessen ... Dazu kam, daß jetzt wirklich die Sonne durchdrang und den golden flimmernden Grund der Apsis mit der großen Flügeltaube erzittern und plötzlich aufbrennen ließ. An der Abendmahlbank war ein Kommen und Gehen von älteren Männern und Frauen, Schulkindern und Soldaten — obwohl es ein gewöhnlicher Werktag mit stiller Messe war, drängten die Menschen in immer größerer Anzahl hinzu und flüchteten aus der Nähe des Todes in den Schutz des Lebendigen.

Man hatte Angela angestarrt und dann verständnisvoll ihren Kranz und die geschmückte Kerze betrachtet, die in dem Halter vor ihrem Platz stand: "Siehst du", flüsterte eine Frau und neigte sich zu dem Feldwebel hin, der mit starrem Ausdruck neben ihr kniete, "das ist eins von den Kindern, welche noch rasch, bevor wir alle verloren sind, zur Kommunion geführt werden." Der Mann zuckte unwillig mit den Schultern und wollte nichts davon hören; die Frau dachte trotzig: "Nun, etwa nicht? wer weiß, ob wir alle den nächsten Tag oder die Nacht erleben!"

Nach der Messe wäre das Kind am liebsten gleich wieder nach Hause gegangen, aber dann kam noch der alte Pfarrer und gratulierte ihm.

"Bleibe immer so brav wie heute", sagte er väterlich. "Und sei heut so vergnügt, wie du kannst." Angela lachte ganz unvermittelt, obwohl man noch in der Kirche war, der Pfarrer bückte sich tief herunter und fragte geheimnistuerisch: "Hat die Mutter auch Kuchen gebacken?"

"Eine Gittertorte", sagte das Kind und wurde rot vor Glück.

Die Gittertorte wurde erst später, als die wenigen Gäste am Nachmittag kamen, feierlich aufgeschnitten; das erste Stück bekam Angela, dann wurde sie Tante Renate, die immerfort weinte, angeboten; zuletzt nahm die Mutter davon.

"Freust du dich?" hörte das Kind immer wieder; doch weil die Erwachsenen dabei seufzten, obwohl sie den Mund zum Lächeln verzogen, dachte die Kleine, es wäre vielleicht nicht recht, sich zu freuen, oder man zeigte es besser nicht, und gab keine Antwort mehr.

"Hörst du nicht, Angela? Ob du dich freust?"

"Doch."

"Sehr?"

"O, ja."

"Und worüber am meisten?"

"Über — alles", sagte sie diplomatisch und fügte dann in dem Bewußtsein, sich höflich zeigen zu müssen, hinzu: "Darüber, daß heut kein Alarm ist."

"Sie hat recht. Heut war wirklich noch kein Alarm. Hast du darum gebetet?"

"Nein."

"Dann kann er also noch kommen."

"Nein."

"Natürlich kann er."

"Er kommt nicht."

"Und wenn er doch kommt?"

"Dann ist es nicht schlimm. Dann beschützt uns der liebe Gott."

"Iß doch", sagte die Mutter nervös. "Oder schmeckt dir die Torte nicht? Ich habe sie nämlich mit Lebertran gebacken," erläuterte sie verlegen. "Aber man merkt es kaum."

Sofort waren alle Erwachsenen wieder ganz unter sich, das Kind nahm sein Tellerchen, trug es sorgsam zu dem niedrigen Rauchtisch herüber und schob einen Hocker an.

"Mit Lebertran? Nein, wahrhaftig —"

[Aber es kommt kein Alarm. Wenigstens nicht, bis die Torte gegessen ist, dachte das Kind. Nun streckte es vorsichtig einen Finger aus, tunkte ihn in den Belag aus roter Kirschmarmelade und leckte die Spitze ab.]

"Man muß den Tran nur ausglühen lassen —"

[Nein. Sie merkten es wirklich nicht.]

"Willst du noch ein Stück Torte?"

"Ja."

"Bitte, heißt das."

[Wieso denn: bitte? Die Torte gehörte ihr doch.]

"Bitte."

"Siehst du! Und wenn du noch eines willst —?"

"Nein, es soll etwas übrig bleiben."

Alle Besucher lachten, es wurden Likörgläschen hingestellt: "Von der Weihnachtszuteilung, wie?" Das Gespräch wurde lebhaft, und Angela hörte die Mutter sagen: "Am Abend gab es dann kalten Braten, Kartoffelsalat mit Mayonnaise und Bier oder noch einmal Wein. Tante Klara war so entsetzlich betrunken, daß sie anfing, Schlager zu singen — ich lag natürlich schon lang im Bett und hörte es durch die Wand. Meine Großmutter war ganz krank vor Ärger, und ich" . . . ihre Stimme schwankte . . . "weinte mich in den Schlaf."

"Ja", sagte Tante Renate hierauf. "Wir waren als Kinder sehr einsam. Heute weiß man das" . . . Nun war es schon einerlei, ob sie alle botokudisch oder chinesisch sprachen, die Kleine verstand nichts mehr.

Kurze Zeit darauf ging das Telephon, die Mutter kam von dem Apparat mit verklärtem Gesicht zurück, jetzt war sie nicht älter als Angela, und Angela schämte sich, daß Tante Martha und Tante Renate merkten, wie klein die Mutter noch war. "Er hat den Luft-schutzdienst abgeschoben, gleich wird er bei uns sein", sagte sie — und zu dem Kind gewendet: "Freust du dich? Vati kommt her und ist da, wenn Alarm sein sollte."

"Aber es kommt kein Alarm", sagte Angela eigensinnig. —

Natürlich gab es trotzdem Alarm, genau um die Stunde wie immer; nur, daß sich die Flugzeuge diesmal rascher als sonst zu nähern

schienen, der erste Bombenabwurf sehr nahe, der nächste noch näher
zu hören war, und der dritte schon von der Kellerdecke den Kalk
herunterfegte. Der Vater hatte das Kind auf dem Schoß und sah zu
der Mutter herüber, beide schienen das Gleiche zu denken, plötzlich
glaubte das Kind zu verstehen und sagte vorwurfsvoll: "Meine Torte!
Ihr habt die Torte vergessen. Wenn jetzt eine Bombe daraufällt —"

Wieder hatte die Mutter denselben gequälten Ton in der Stimme
wie heute morgen und sagte genau so: "Nun halte aber den Mund."

"Laß sie doch", sagte der Vater mit ausgetrockneter Kehle. "Ihr
kann heute nichts mehr passieren."

"Nein. Heut ist mein Erstkommuniontag", sagte das Kind erfreut.
Seine Worte gingen in einem Einschlag von ungewöhnlicher Härte
unter, der Boden bebte, die Balken knirschten, die ganze Luft war
voll Staub. Vater und Mutter legten jetzt beide einen Arm um die
Schultern des Kindes. "Mein Engel", sagte die Mutter leise mit
flehentlichem Ausdruck; als Antwort nahm Angela ihre Hand [die
andere, welche schlaff in dem Schoß lag] und schloß das eigene
Pfötchen darüber; der Vater griff hinter sich nach dem Mundtuch
und band es Angela vor das Gesicht: "tief atmen . . . sei ruhig . . . ."
[Was meinte er nur? Sie redete doch nicht.] Schlag, Schlag um Schlag.
Nun begannen sie, den 90. Psalm zu beten. Angela kannte ihn und
sprach mit, die Flugzeuge schienen das ganze Haus mit ihrem Gebrumm zu bedecken . . . .

[Fittichen . . . Fittichen schirmt er dich . . . und unter seinen Flü-
geln . . . nicht brauchst du dich zu fürchten vor dem Graun der
Nacht . . . dir wird kein Unheil widerfahren, noch eine Plage deinem
Zelte nahen . . . so wirst du über Nattern schreiten . . . Schlangen . . .
wirst Löwen . . . Drachen . . . rette ihn . . . beschirme ihn . . . weil er
mich kennt. Ich will ihn sättigen mit langem Leben . . .][1]

"Das nimmt kein Ende."

"Doch. Hörst du nicht, daß die Flugzeuge sich entfernen? Dieser
Einschlag war weiter fort", sagte der Vater laut.

Noch ehe entwarnt wurde, hörten sie Stimmen am Eingang der

[1] *Fittichen . . . mit langem Leben* . . .: fragments of Psalm xc, in the Vulgate. In the
Authorized Version the reference is to Psalm xci, *vv.* 4-16.

Kellertreppe. "Lebt ihr da unten noch? Seid ihr noch da? Das obere Stockwerk ist eingestürzt; wir helfen euch heraus. Zuerst die Kleine. Komm, Angela, fasse mich um den Hals! Hast du Angst gehabt?"

"Nein."

"Gib acht, hier liegt Glas. Der Küchenanbau ist ganz geblieben, hier ist es hell wie am Tag."

Der Nachbar setzte die Kleine ab und wandte sich wieder um. Das Licht des höher steigenden Mondes vermischte sich mit dem fahlroten Glanz riesiger Feuersbrünste und erfüllte den ganzen Raum.

"Die Torte —. Da steht sie noch", sagte das Kind. "Man braucht nur den Staub abzublasen —."

HEINZ RISSE

HEINZ RISSE, born in Düsseldorf in 1898, spent many years in the business world before he turned to writing fiction after 1945. His novel *Wenn die Erde bebt* (1950) is his best-known work, and has been translated into English by Rita Eldon *(The Earthquake*, 1953). A series of earthquakes which causes a breakdown in the routine of civilization is seen from the point of view of a man who is employed in an insurance office. It is a symbolical novel blending fantasy with a contemporary setting, and exploring the darker recesses of the human mind. Risse's second novel *So frei von Schuld* (1951) asks what is the meaning of justice and what is the place of innocence and goodness in this world. Another novel *(Dann kam der Tag*, 1953) is a criticism of the mentality of a business man whose success has been achieved at the expense of his relations on the human, personal level. *Sören der Lump* (1955) is the story of a ne'er-do-well who will not fit in with the conventions of society. Shorter tales by Heinz Risse are *Irrfahrer* (1948) and *Schlangen in Genf* (1951).

In all his fiction Risse is a moralist and a metaphysician. What should be the relationship between man and man, between the individual and society, and what is the ultimate purpose of man in the universe? The conscience of the individual, Risse insists, must be the principal criterion in our answers to these questions. An oblique commentary on the nature of man informs, with humour and scepticism, the little tales that follow. They are four from the volume of ten stories published under the title *Belohne dich selbst* (1953). They are fables written with a clarity and a simplicity which heighten their irony.

FLUSS OHNE BRÜCKE

EINE Trauerfliege, die der Meinung zuneigte, daß auch der Ortswechsel nicht in der Lage sei, das Glück herbeizurufen, entschloß sich gleichwohl eines Tages, und zwar in der Zeit der Sommerferien, eine Reise zu unternehmen. Sie traf, zu kurzer Rast auf einem alten Weidenstamm sich niederlassend, eine Singzikade, die gerade mit heller Stimme sich darüber verbreitete, daß das Leben, o Königin, doch schön sei.

Mit mißmutigem Gesicht setzte sie sich in die Nähe der Zikade und nahm deren Worte mit einem Ärger auf, der für sie schon an Vergnügen grenzte — schließlich, als die Vortragende ihr Referat beendet hatte, fragte sie: "Sie sind Optimistin, meine Liebe, wie?"

"Ja", erwiderte diese, "natürlich bin ich das. Wie könnte ich auch etwas anderes sein, da doch die Sonne scheint, die Bäume blühen und milde Lüfte mich umwehen?"

"Das Denken scheint nicht Ihre Stärke zu sein", rief die Trauerfliege. "Wahrscheinlich lieben Sie es auch, das Kino zu besuchen und Sekt zu trinken."

"Ja, allerdings", sagte die Zikade und zirpte fröhlich.

"Lassen Sie mich Ihnen sagen", erwiderte die Trauerfliege, "daß man in den Kreisen, die ich frequentiere, Ihre Weltanschauung als oberflächlich zu bezeichnen pflegt."

"Und was hätte ich zu tun, um in Ihren Kreisen als Person von Verstand zu gelten?" fragte die Zikade.

"Sie hätten an die Zukunft zu denken", antwortete die Trauerfliege.

"Aber die Zukunft wird wahrscheinlich eine erfreuliche sein", rief die Singzikade. "Warum auch sollte sie sich von der Gegenwart unterscheiden? Warum also sollte ich nicht auch künftig das Kino besuchen und Sekt trinken?"

"Weil es dies alles nicht mehr geben wird", erwiderte die Trauerfliege. "Die Zukunft ist immer ungewiß und deshalb äußerst schlecht und unerfreulich — lassen Sie sich doch nicht durch den Schein, und sei es der der Sonne, täuschen."

Die Zikade lachte: "Ach was", rief sie, "Sie wollen mich zum Narren halten, meine Beste — in was für Kreisen könnte das, was Sie reden, geglaubt werden?"

"Sie werden sich noch wundern", sagte die Trauerfliege mit düsterer Miene.

In diesem Augenblick erschien, von den beiden Philosophen nicht bemerkt, eine Drossel auf dem Weidenstamm; mit lüsterner Miene betrachtete sie die Streitenden. Nur für die Dauer eines Augenblicks überlegte sie, was zu tun sei; da die Trauerfliege ihr ziemlich mager zu sein schien und zudem einen unerfreulichen Geruch ausströmte, ergriff sie die Zikade mit spitzem Schnabel und verschluckte sie hastig, ohne ihr die Möglichkeit eines klugen "letzten Wortes" zu lassen.

Die Trauerfliege stob eilig davon; unter den Blättern einer Königskerze sich versteckend, murmelte sie ärgerlich: "So geht es immer mit diesen Optimisten — sie leben froh, denken wenig und am Ende verschluckt es sie einfach, unsereins jedoch wird einer Zukunft überlassen, von deren Dunkelheit die Glücklichen in den Drosselmägen sich keine Vorstellung machen."

BELOHNE DICH SELBST

EINE ältere Wiesenschnecke, die mit einer Reihe anderer auf einem Grünstreifen zwischen den Betonbahnen einer Autostraße lebte, erzählte eines Tages einer jungen Familienangehörigen, daß jenseits der Wüste, die den Grasstreifen zu beiden Seiten einschließe — als solche nämlich erschien ihr das unfruchtbare und zumeist trockene, von rasenden Gespenstern übersegelte Kunstprodukt — das Paradies liege. Die junge Schnecke wußte nichts vom Paradies, doch konnte auch die ältere nicht viel darüber sagen, sie war ja selbst nie dort gewesen, so daß sie sich auf nebelhafte Erklärungen wie etwa ewige Jugend, unendliches Glücksgefühl und ähnliches beschränkte. Doch beförderte gerade der Charakter des Unbegreiflichen in dem jungen und unternehmungslustigen Tier den Wunsch, das Paradies aufzusuchen; es ließ sich also von der älteren sagen, was diese im Laufe eines langen Lebens über die Reise dorthin gehört hatte, alsdann zog es sich ins Gras zurück, um eine regennasse Nacht abzuwarten — Regen nämlich, hatte die ältere behauptet, sei notwendig, weil keine Schnecke den Wasservorrat mitnehmen könne, der bei trockener Wüste für die Reise notwendig sei, und die Nacht müsse abgewartet werden, weil alsdann die Zahl der segelnden Gespenster geringer sei als am Tage. Nicht allzulange nach diesem

Gespräch, in einer Nacht, in der die meteorologischen Bedingungen dem Vorhaben günstig zu sein schienen, begab das Tier sich frohen Mutes auf die gefährliche Reise.

Der erste Teil verlief völlig zur Zufriedenheit der Paradiessucherin; ein gleichmäßig fallender Regen sorgte für die notwendige Flüssigkeit und milderte zugleich die Härte des Weges. Doch änderte sich dies, als der Morgen dämmerte — der Regen hörte auf, der Wind trocknete die Straße, und als erst die Strahlen der Sonne auf den Beton fielen, erkannte die Schnecke die Gefahren, denen sie sich ausgesetzt hatte, sie bereute, daß sie nicht daheim geblieben war. Freilich war es nun schon zu spät für die Umkehr; mit dem Mute, den nur die Verzweiflung gibt, zog sie, mehr und mehr die Kräfte verlierend, ihre Bahn dem Paradiese entgegen. Als sie schließlich, sich ausgedörrt fühlend von der steigenden Sonne, den Kampf aufgeben wollte, spürten ihre Fühler den Widerstand eines Grashalmes, an dem ein Tautropfen entlangrollte — gerettet, dachte sie, die Wüste liegt hinter mir, dies ist das Paradies. Noch einmal raffte sie sich zusammen und erreichte mit letzter Kraft eine Stelle im Gras, auf die die Blätter einer Pflanze ihre Schatten warfen; hier hatte sich auch die Feuchtigkeit der Nacht erhalten.

Als sie ein paar Stunden später erwachte, faßte sie den Entschluß, sich im Paradies umzusehen, doch erblickte sie, während sie sich zum Aufbruch anschickte, eine Eidechse, die sie mit Neugier betrachtete.

"Woher kommen Sie —" fragte die Eidechse. "Sie wohnen doch nicht hier."

"Nein", erwiderte die Schnecke. "Ich wohne dort drüben —" bei diesen Worten zeigte sie mit den Fühlern in die Richtung des Grünstreifens — "aber in der Nacht habe ich die Wüste überquert, und so bin ich ins Paradies gekommen."

Die Eidechse lachte.

"Hier gibt es weit und breit keine Wüste", sagte sie, "und das Land, in dem wir uns befinden, heißt auch nicht das Paradies. Ich weiß nicht, was Sie meinen."

"Natürlich ist dies das Paradies", erwiderte die Schnecke. "Man hat es mir beschrieben, und alle die Eigenschaften, die man mir an ihm gerühmt hat, treffen auf dieses Land zu. Ich kam völlig erschöpft an, aber ein kurzer Schlaf hat mir das Gefühl unendlichen Glücks und ewiger Jugend gegeben —"

Die Eidechse hatte während dieser Worte nachgedacht; nun unterbrach sie die Schnecke.

"Ich weiß, was mit Ihnen ist", sagte sie. "Sie haben in der Nacht die Straße überquert, die sich dort drüben entlangzieht, und weil das ein harter und langer Weg für Sie war, meinen Sie, Sie wären durch die Wüste marschiert. Aber das ist ein Irrtum, glauben Sie mir, ich mache den Weg hundertmal am Tage, es handelt sich nur um eine nicht einmal sehr breite Straße. Und was Ihre Vermutung angeht, dies hier sei das Paradies, so täuschen Sie sich gleichfalls — es ist hier nicht anders als dort drüben, von wo Sie kommen."

Nach diesen Worten raschelte die Eidechse eilig davon. Die Schnecke war zunächst ein wenig verwirrt, doch faßte sie sich allmählich. Was ist das für ein leichtfertiger Geselle, dachte sie. Natürlich, wo man hundertmal am Tage hin und her läuft, da gibt es keine Wüste, und hinter dem Alltäglichen findet man auch kein Paradies, so einer sieht die Welt über einen Kamm.[1] Aber unsereins? Man muß dankbar sein, wenn es einem nicht zu leicht gemacht wird, sonst entbehrt man doch manches. Getröstet zog sie weiter, tiefer hinein ins Paradies.

REISEN BILDET

EINE Wanderratte gelangte — auf dem Wege von Paris nach Wladiwostok — gegen Abend in das Tal eines Nebenflusses der Donau; es mag aber auch das Tal des Nebenflusses eines Nebenflusses der Donau gewesen sein; dies ist nicht wichtig. Als sie im Gespräch vorüberlaufender Kinder den Namen des Gewässers zufällig hörte, fiel ihr sogleich ein, daß ein Bruder ihres Vaters vor vielen Jahren den Wandertrieb abgelegt hatte und in diesem Bachtal seßhaft geworden

---

[1] *so einer sieht die Welt über einen Kamm*: "Everything looks alike to that sort of fellow."

war — die Ratte erinnerte sich, daß die Verwandten über diesen Vorgang noch ziemlich lange gesprochen hatten. In tadelndem Sinne natürlich; später allerdings war das Ganze in Vergessenheit geraten. Die Ratte entschloß sich, dem Onkel und seiner Familie nachzuforschen; der Gedanke daran tauchte so plötzlich in ihr auf, daß sie nicht dazu kam, sich über seine Gründe Gewißheit zu verschaffen oder auch nur über sie nachzudenken. Vielmehr begann sie sogleich, dem Lauf des Flüßchens zu folgen, obwohl dies sie zwang, von ihrer Wanderrichtung abzuweichen.

Nach mühevoller Suche, die sich über mehrere Tage erstreckte, gelang es ihr schließlich, den Onkel — rüstig trotz unverkennbarer Greisenhaftigkeit — im Kreis seiner Familie aufzufinden, in der unmittelbaren Nähe eines am Bach gelegenen Ausflugslokals: da seid ihr alle, rief sie, und hier bin ich; man erkannte einander sogleich am Familiengeruch.

Nachdem der Gast die einzelnen Verwandten kennengelernt hatte, begann der rüstige Greis zu fragen: "Woher kommst du?" sagte er.

"Aus Paris."

"Oh, aus Paris. Erzähle uns von Paris."

"Es ist interessant dort. Vor allem die Müllhaufen; sie sind sehr groß."

"Das läßt sich denken", erwiderte der Greis. "Dort wird für uns gesorgt. Nun, auch hier hat man sein Auskommen."

"Ich finde nicht, daß man hier immer satt wird", sagte eine der jüngeren Ratten mit unzufriedener Miene.

"Natürlich ist es unterschiedlich", entgegnete der Alte, "Krauses Ausflugslokal, das uns ernährt, ist nur am Mittwoch, Samstag und Sonntag geöffnet — an den anderen Tagen ist die Verpflegung knapper. Aber bisher hat keiner von uns gehungert. Erzähle weiter, lieber Neffe, warst du auch in London?"

"Ja, mehrere Wochen."

"Und in Berlin?"

"Ja."

"Du kennst Rom und Mailand?"

"Ausgezeichnet."

"Erzähle uns von dem Leben dort. Wie fandest du die Müllhaufen?"

"Sie sind so zahlreich, daß es Mühe macht, sie alle kennenzulernen, und jeder von ihnen ist ungeheuer groß."

"Auch montags, dienstags, donnerstags und freitags?" fragte die junge Ratte und lächelte ironisch.

"Halte den Mund, unzufriedenes Geschöpf", erwiderte der rüstige Greis und runzelte die Stirne. Die junge Ratte zuckte verächtlich die Achseln.

"Nach London bin ich im Schiff gefahren; es gibt keine andere Möglichkeit, dorthin zu gelangen", sagte die Wanderratte. "Es fehlte nicht viel, und ich wäre verhungert."

"Wie schrecklich!" rief der Greis. "Du fandest keinen Abfall-haufen?"

"Es gibt keine Abfallhaufen auf den Schiffen", erwiderte die Wan-derratte. "Die Matrosen schütten alles ins Meer."

"Die Verschwender", rief der rüstige Greis in aufrichtigem Zorn.

"Auch Fräulein Krause schüttet manches in den Bach", sagte die junge Ratte. "Um das zu erleben, braucht man nicht mit einem Schiff zu fahren."

Der Greis blickte mißbilligend, sagte aber nichts.

"Du hast vieles gesehen, lieber Neffe", sagte er zu der Wanderratte. "In der Tat, wenn ich dich erzählen höre, so bedaure ich es beinahe, daß ich mich vor Jahren hier seßhaft gemacht habe — natürlich hat man sein Auskommen bei Krauses Tanz- und Vergnügungslokal —, aber was ist das gegen Paris, Rom, London, Mailand, Berlin?"

"Ja, Onkel", erwiderte die Wanderratte bescheiden, "ich verkenne nicht, daß die Ruhe an diesem Bach und bei Krauses Etablissement etwas Wohltuendes hat. Aber sie lähmt auch, finde ich, den rastlos wandernden Geist — nie fühle ich mich wohler als auf dem Marsch zu neuen noch unbekannten Haufen . . ."

"Junger Freund", unterbrach der rüstige Greis, "wie sehr erkenne ich in dir mein Blut. Wandre weiter um die Welt, zu den Städten, die du noch nicht kennst, und wenn dein Weg dich wieder durch dieses stille Tal führt, so tritt ein und berichte uns von neuem so lebendig wie heute von den Müllhaufen, die du gesehen — ich bin

sicher, daß du deine Augen aufmachen wirst . . ." "und das Maul",
warf die junge Ratte ein; danach lief sie sogleich hinaus, denn es war
ihr eingefallen, daß heute Samstag war — ein Omnibus mit mehr als
dreißig Gästen war schon vor einer Stunde angekommen, und es
schien ihr durchaus möglich, daß die ersten frischen Kartoffelschalen
bereits auf dem Müll lagen.

SCHERZO

EINE Mücke, deren Nervensystem durch übermäßige Beschäftigung
mit politischen Fragen zerrüttet worden war, verließ auf Anraten
ihres Arztes die Stadt und zog sich in die Waldeinsamkeit[1] zurück.
Eines Tages beobachtete sie, auf einem Buchenblatt sitzend, eine
Heuschrecke, die ihre Schenkel aneinanderrieb.

Der Mücke kam der Gedanke, die zweifellos politisch indifferente
und geistig auf niederer Stufe stehende Heuschrecke einem Verhör
zu unterziehen: "Nun", fragte sie, "was pflegst du zu treiben, wenn
du dich müde gezirpt hast?"

"Das Zirpen macht mich nicht müde", erwiderte die Heuschrecke.

"Du möchtest dich nicht mit Politik beschäftigen?"

"Was ist das: Politik?"

"Die Lehre von der Beherrschung der Welt. Jedes Insekt sollte
sich damit vertraut machen, daß wir an die Reihe kommen werden,
sobald die Menschen abgewirtschaftet haben werden, und dieser
Zeitpunkt ist nicht mehr ferne. Ich allein habe Tausende von ihnen
erstochen — Tausende? Nein, wahrscheinlich Millionen, ich habe sie
nicht gezählt."

"Was hatten sie dir getan?" fragte die Heuschrecke.

"Wer? Die Menschen? Nichts, noch nichts. Man muß vorsichtig
sein in der Politik und auch die erstechen, die einem später einmal
etwas tun könnten."

[1] *Waldeinsamkeit*: "Forest-solitude" was a term first coined by the German
Romantic writer Ludwig Tieck (1773-1853); it has long since become a cliché,
and is here used ironically.

"Du wirst also auch mich erstechen?"

"Dich? Warum? Du gehörst doch zu uns, nicht zu den Menschen."

"Ja, aber ich will die Welt nicht beherrschen."

Die Mücke machte eine ungeduldige Beinbewegung.

"Bedenke bitte", erwiderte sie, "um welch' hohes Ziel es sich handelt. Die Nachfolge des menschlichen Geschlechtes anzutreten, sich dieser gewiß nicht einfältigen Spezies überlegen zu erweisen . . . welches edle Insekt spürt nicht ein tiefes Glücksgefühl bei dem Gedanken!?"

"Ich", erwiderte die Heuschrecke, "Ich spüre nichts davon. Ich fürchte nur, daß mir, wenn wir erst die Welt beherrschen, keine Zeit mehr bleibt zum Zirpen."

BERTOLT BRECHT

BERTOLT BRECHT, who was born in 1898 in Augsburg as the son
of a paper manufacturer, has had a wide reputation in Germany as
a dramatist for over thirty years. At the time of his death in 1956
he was the best known of contemporary German playwrights. From
the beginning of his career as a dramatist at the time of the Ex-
pressionist movement in the early years of the Weimar Republic,
Brecht was a revolutionary, hostile to the existing order of society
and boldly experimental as a dramatist. The greatest of his early
successes was *Die Dreigroschenoper* (1928), a modern Marxist morality
play based on John Gay's *Beggar's Opera*. In 1933 Brecht left Germany, and after residing in various European countries, went to
America in 1941. He returned to Europe in 1947, where he lived
partly in East Berlin and partly in Salzburg, as an Austrian citizen.
One of the outstanding of his later plays is *Mutter Courage und ihre
Kinder* (1941), "a chronicle-play from the Thirty Years War", which
derives its theme from a story by the seventeenth-century novelist
Grimmelshausen. Brecht's work has continued to evoke controversy,
and his theories of the drama have aroused interest in this country.
His operatic play *Das Verhör des Lukullus*, produced in East Berlin in
1951, was subsequently revised as *Die Verurteilung des Lukullus*.
Among Brecht's more recent dramatic works are *Galileo Galilei*
(1942), *Der kaukasische Kreidekreis* (1947) and *Herr Puntila und sein
Knecht* (1948). A number of the plays have been translated into
English, principally by Eric Bentley.

Brecht's poetry is of a didactic, balladesque kind, and the best-
known collection of verse is the volume *Die Hauspostille* (1927). He
has written very little prose fiction. The story that follows is taken
from the volume *Kalendergeschichten* (1949), which contains prose,
often of a didactic character, interspersed with poems. The *Kalender*
was, a century ago and more, the standard popular reading in German
households, and the deliberately plain style of this volume is a re-
flection, not without irony and parody, of the old-style almanacs.

DIE UNWÜRDIGE GREISIN

Meine Großmutter war zweiundsiebzig Jahre alt, als mein Großvater starb. Er hatte eine kleine Lithographenanstalt in einem
badischen Städtchen und arbeitete darin mit zwei, drei Gehilfen bis zu
seinem Tod. Meine Großmutter besorgte ohne Magd den Haushalt,
betreute das alte, wacklige Haus und kochte für die Mannsleute und
Kinder.

Sie war eine kleine magere Frau mit lebhaften Eidechsenaugen,
aber langsamer Sprechweise. Mit recht kärglichen Mitteln hatte sie
fünf Kinder großgezogen — von den sieben, die sie geboren hatte.
Davon war sie mit den Jahren kleiner geworden.

Von den Kindern gingen die zwei Mädchen nach Amerika, und
zwei der Söhne zogen ebenfalls weg. Nur der Jüngste, der eine
schwache Gesundheit hatte, blieb im Städtchen. Er wurde Buchdrucker und legte sich eine viel zu große Familie zu.

So war sie allein im Haus, als mein Großvater gestorben war.

Die Kinder schrieben sich Briefe über das Problem, was mit ihr
zu geschehen hätte. Einer konnte ihr bei sich ein Heim anbieten, und
der Buchdrucker wollte mit den Seinen zu ihr ins Haus ziehen. Aber
die Greisin verhielt sich abweisend zu den Vorschlägen und wollte
nur von jedem ihrer Kinder, das dazu imstande war, eine kleine
geldliche Unterstützung annehmen. Die Lithographenanstalt,
längst veraltet, brachte fast nichts beim Verkauf, und es waren auch
Schulden da.

Die Kinder schrieben ihr, sie könne doch nicht ganz allein leben,
aber als sie darauf überhaupt nicht einging, gaben sie nach und
schickten ihr monatlich ein bißchen Geld. Schließlich, dachten sie,
war ja der Buchdrucker im Städtchen geblieben.

Der Buchdrucker übernahm es auch, seinen Geschwistern mitunter über die Mutter zu berichten. Seine Briefe an meinen Vater,
und was dieser bei einem Besuch und nach dem Begräbnis meiner
Großmutter zwei Jahre später erfuhr, geben mir ein Bild von dem,
was in diesen zwei Jahren geschah.

Es scheint, daß der Buchdrucker von Anfang an enttäuscht war, daß meine Großmutter sich weigerte, ihn in das ziemlich große und nun leerstehende Haus aufzunehmen. Er wohnte mit vier Kindern in drei Zimmern. Aber die Greisin hielt überhaupt nur eine sehr lose Verbindung mit ihm aufrecht. Sie lud die Kinder jeden Sonntagnachmittag zum Kaffee, das war eigentlich alles.

Sie besuchte ihren Sohn ein- oder zweimal in einem Vierteljahr und half der Schwiegertochter beim Beereneinkochen. Die junge Frau entnahm einigen ihrer Äußerungen, daß es ihr in der kleinen Wohnung des Buchdruckers zu eng war. Dieser konnte sich nicht enthalten, in seinem Bericht darüber ein Ausrufezeichen anzubringen.

Auf eine schriftliche Anfrage meines Vaters, was die alte Frau denn jetzt so mache, antwortete er ziemlich kurz, sie besuche das Kino.

Man muß verstehen, daß das nichts Gewöhnliches war, jedenfalls nicht in den Augen ihrer Kinder. Das Kino war vor dreißig Jahren noch nicht, was es heute ist. Es handelte sich um elende, schlecht gelüftete Lokale, oft in alten Kegelbahnen eingerichtet, mit schreienden Plakaten vor dem Eingang, auf denen Morde und Tragödien der Leidenschaft angezeigt waren. Eigentlich gingen nur Halbwüchsige hin oder, des Dunkels wegen, Liebespaare. Eine einzelne alte Frau mußte dort sicher auffallen.

Und so war noch eine andere Seite dieses Kinobesuchs zu bedenken. Der Eintritt war gewiß billig, da aber das Vergnügen ungefähr unter den Schleckereien rangierte, bedeutete es "hinausgeworfenes Geld". Und Geld hinauszuwerfen, war nicht respektabel.

Dazu kam, daß meine Großmutter nicht nur mit ihrem Sohn am Ort keinen regelmäßigen Verkehr pflegte, sondern auch sonst niemanden von ihren Bekannten besuchte oder einlud. Sie ging niemals zu den Kaffeegesellschaften des Städtchens. Dafür besuchte sie häufig die Werkstatt eines Flickschusters in einem armen und sogar etwas verrufenen Gäßchen, in der, besonders nachmittags, allerlei nicht besonders respektable Existenzen herumsaßen, stellungslose Kellnerinnen und Handwerksburschen. Der Flickschuster war ein Mann in mittleren Jahren, der in der ganzen Welt herumgekommen war, ohne es zu etwas gebracht zu haben. Es hieß auch, daß er trank. Er war jedenfalls kein Verkehr für meine Großmutter.

Der Buchdrucker deutete in einem Brief an, daß er seine Mutter darauf hingewiesen, aber einen recht kühlen Bescheid bekommen habe. "Er hat etwas gesehen", war ihre Antwort, und das Gespräch war damit zu Ende. Es war nicht leicht, mit meiner Großmutter über Dinge zu reden, die sie nicht bereden wollte.

Etwa ein halbes Jahr nach dem Tod des Großvaters schrieb der Buchdrucker meinem Vater, daß die Mutter jetzt jeden zweiten Tag im Gasthof esse.

Was für eine Nachricht!

Großmutter, die Zeit ihres Lebens für ein Dutzend Menschen gekocht und immer nur die Reste aufgegessen hatte, aß jetzt im Gasthof! Was war in sie gefahren?

Bald darauf führte meinen Vater eine Geschäftsreise in die Nähe und er besuchte seine Mutter.

Er traf sie im Begriffe, auszugehen. Sie nahm den Hut wieder ab und setzte ihm ein Glas Rotwein mit Zwieback vor. Sie schien ganz ausgeglichener Stimmung zu sein, weder besonders aufgekratzt noch besonders schweigsam. Sie erkundigte sich nach uns, allerdings nicht sehr eingehend, und wollte hauptsächlich wissen, ob es für die Kinder auch Kirschen gäbe. Da war sie ganz wie immer. Die Stube war natürlich peinlich sauber, und sie sah gesund aus.

Das einzige, was auf ihr neues Leben hindeutete, war, daß sie nicht mit meinem Vater auf den Gottesacker gehen wollte, das Grab ihres Mannes zu besuchen. "Du kannst allein hingehen", sagte sie beiläufig, "es ist das dritte von links in der elften Reihe. Ich muß noch wohin."

Der Buchdrucker erklärte nachher, daß sie wahrscheinlich zu ihrem Flickschuster mußte. Er klagte sehr.

"Ich sitze hier in diesen Löchern mit den Meinen und habe nur noch fünf Stunden Arbeit und schlecht bezahlte, dazu macht mir mein Asthma wieder zu schaffen, und das Haus in der Hauptstraße steht leer."

Mein Vater hatte im Gasthof ein Zimmer genommen aber erwartete daß er zum Wohnen doch von seiner Mutter eingeladen werden würde, wenigstens pro forma, aber sie sprach nicht davon. Und sogar als das Haus voll gewesen war, hatte sie immer etwas dagegen gehabt

daß er nicht bei ihnen wohnte und dazu das Geld für das Hotel
ausgab!

Aber sie schien mit ihrem Familienleben abgeschlossen zu haben und
neue Wege zu gehen, jetzt, wo ihr Leben sich neigte. Mein Vater,
der eine gute Portion Humor besaß, fand sie "ganz munter" und sagte
meinem Onkel, er solle die alte Frau machen lassen, was sie wolle.

Aber was wollte sie?

Das nächste, was berichtet wurde, war, daß sie eine Bregg bestellt
hatte und nach einem Ausflugsort gefahren war, an einem gewöhn-
lichen Donnerstag. Eine Bregg war ein großes, hochrädriges Pferde-
gefährt mit Plätzen für ganze Familien. Einige wenige Male, wenn
wir Enkelkinder zu Besuch gekommen waren, hatte Großvater die
Bregg gemietet. Großmutter war immer zu Hause geblieben. Sie
hatte es mit einer wegwerfenden Handbewegung abgelehnt, mit-
zukommen.

Und nach der Bregg kam die Reise nach K., einer größeren Stadt,
etwa zwei Eisenbahnstunden entfernt. Dort war ein Pferderennen,
und zu dem Pferderennen fuhr meine Großmutter.

Der Buchdrucker war jetzt durch und durch alarmiert. Er wollte
einen Arzt hinzugezogen haben. Mein Vater schüttelte den Kopf,
als er den Brief las, lehnte aber die Hinzuziehung eines Arztes ab.

Nach K. war meine Großmutter nicht allein gefahren. Sie hatte ein
junges Mädchen mitgenommen, eine halb Schwachsinnige, wie der
Buchdrucker schrieb, das Küchenmädchen des Gasthofs, in dem die
Greisin jeden zweiten Tag speiste.

Dieser "Krüppel" spielte von jetzt ab eine Rolle.

Meine Großmutter schien einen Narren an ihr gefressen zu haben.
Sie nahm sie mit ins Kino und zum Flickschuster, der sich übrigens
als Sozialdemokrat[1] herausgestellt hatte, und es ging das Gerücht,
daß die beiden Frauen bei einem Glas Rotwein in der Küche Karten
spielten.

---

[1] *Sozialdemokrat*: The German Social-Democratic Party was founded in 1869 by
Liebknecht and Bebel, and in 1874 had nine seats in the Reichstag, in 1912
110 seats. It was the leading political party in the early years of the Weimar
Republic.

"Sie hat dem Krüppel jetzt einen Hut gekauft mit Rosen drauf"
schrieb der Buchdrucker verzweifelt. "Und unsere Anna hat kei
Kommunionskleid!"

Die Briefe meines Onkels wurden ganz hysterisch, handelten nu
von der "unwürdigen Aufführung unserer lieben Mutter" und gabe
sonst nichts mehr her. Das Weitere habe ich von meinem Vater.

Der Gastwirt hatte ihm mit Augenzwinkern zugeraunt: "Frau B
amüsiert sich ja jetzt, wie man hört."

In Wirklichkeit lebte meine Großmutter auch diese letzten Jahr
keinesfalls üppig. Wenn sie nicht im Gasthof aß, nahm sie meist nu
ein wenig Eierspeise zu sich, etwas Kaffee und vor allem ihren g
liebten Zwieback. Dafür leistete sie sich einen billigen Rotwein, vo
dem sie zu allen Mahlzeiten ein kleines Glas trank. Das Haus hielt s
sehr rein, und nicht nur die Schlafstube und die Küche, die s
benutzte. Jedoch nahm sie darauf ohne Wissen ihrer Kinder ein
Hypothek auf. Es kam niemals heraus, was sie mit dem Geld macht
Sie scheint es dem Flickschuster gegeben zu haben. Er zog nac
ihrem Tod in eine andere Stadt und soll dort ein größeres Geschä
für Maßschuhe eröffnet haben.

Genau betrachtet lebte sie hintereinander zwei Leben. Das ein
erste, als Tochter, als Frau und als Mutter, und das zweite einfac
als Frau B., eine alleinstehende Person ohne Verpflichtungen un
mit bescheidenen, aber ausreichenden Mitteln. Das erste Leb
dauerte etwa sechs Jahrzehnte, das zweite nicht mehr als zwei Jahr

Mein Vater brachte in Erfahrung, daß sie im letzten halben Jah
sich gewisse Freiheiten gestattete, die normale Leute gar nich
kennen. So konnte sie im Sommer früh um drei Uhr aufstehen un
durch die leeren Straßen des Städtchens spazieren, das sie so für sic
ganz allein hatte. Und den Pfarrer, der sie besuchen kam, um d
alten Frau in ihrer Vereinsamung Gesellschaft zu leisten, lud sie, w
allgemein behauptet wurde, ins Kino ein!

Sie war keineswegs vereinsamt. Bei dem Flickschuster verkehrte
anscheinend lauter lustige Leute, und es wurde viel erzählt. Sie hatt
dort immer eine Flasche ihres eigenen Rotweins stehen, und darau
trank sie ihr Gläschen, während die anderen erzählten und übe

ie würdigen Autoritäten der Stadt loszogen. Dieser Rotwein blieb
ür sie reserviert, jedoch brachte sie mitunter der Gesellschaft
tärkere Getränke mit.

Sie starb ganz unvermittelt, an einem Herbstnachmittag in ihrem
Schlafzimmer, aber nicht im Bett, sondern auf dem Holzstuhl am
Fenster. Sie hatte den "Krüppel" für den Abend ins Kino eingeladen,
und so war das Mädchen bei ihr, als sie starb. Sie war vierundsiebzig
Jahre alt.

Ich habe eine Photographie von ihr gesehen, die sie auf dem
Totenbett zeigt und die für die Kinder angefertigt worden war.

Man sieht ein winziges Gesichtchen mit vielen Falten und einen
schmallippigen, aber breiten Mund. Viel Kleines, aber nichts Klein-
liches. Sie hatte die langen Jahre der Knechtschaft und die kurzen
Jahre der Freiheit ausgekostet und das Brot des Lebens aufgezehrt
bis auf den letzten Brosamen.

ILSE AICHINGER

ILSE AICHINGER, who was born in Vienna in 1921, is the wife c
the poet Günter Eich. On leaving school in 1939 she was no
allowed to become a university student on account of her partl
Jewish origins. During the war years she worked in a factory, and
number of her relatives were transported to Poland. At the end c
the war she studied medicine for a while. Her novel *Die größe*
Hoffnung (1948) relates in a visionary, experimental style the lot c
a girl and a group of Jewish children from the time of Hitler's occupa
tion of Austria in 1938 to the end of the war in 1945.

The present tale *Seegeister* is taken from the volume of short storie
Der Gefesselte (1953), which has been translated into English b
Eric Mosbacher as *The Bound Man* (1955). *Seegeister* tells three ghos
stories which form a satirical comment upon the unreality, in an
deeper sense, of much of the activity pursued in a holiday resor
The Austrian lakes are popular holiday centres. In their theme c
the fatal lure of water two of the incidents may be compared wit
Clemens Brentano's poem *Lore Lay* and with Heinrich Heine'
Die Lorelei.

SEEGEISTER

DEN Sommer über beachtet man sie wenig oder hält sie für seine
gleichen, und wer den See mit dem Sommer verläßt, wird sie n
erkennen. Erst gegen den Herbst zu beginnen sie, sich deutliche
abzuheben. Wer später kommt oder länger bleibt, wer zuletzt selbs
nicht mehr weiß, ob er noch zu den Gästen oder schon zu de
Geistern gehört, wird sie unterscheiden. Denn es gibt gerade i
frühen Herbst Tage, an denen die Grenzen im Hinüberwechsel
noch einmal sehr scharf werden.

Da ist der Mann, der den Motor seines Bootes, kurz bevor e
landen wollte, nicht mehr abstellen konnte. Er dachte zunächst, d
sei weiter kein Unglück und zum Glück sei der See groß, macht
kehrt und fuhr vom Ostufer gegen das Westufer zurück, wo d

Berge steil aufsteigen und die großen Hotels stehen. Es war ein schöner Abend, und seine Kinder winkten ihm vom Landungssteg, aber er konnte den Motor noch immer nicht abstellen, tat auch, als wollte er nicht landen, und fuhr wieder gegen das flache Ufer zurück. Hier — zwischen entfernten Segelbooten, Ufern und Schwänen, die sich weit vorgewagt hatten — brach ihm angesichts der Röte, die die untergehende Sonne auf das östliche Ufer warf, zum erstenmal der Schweiß aus den Poren, denn er konnte seinen Motor noch immer nicht abstellen. Er rief seinen Freunden, die auf der Terrasse des Gasthofes beim Kaffee saßen, fröhlich zu, er wolle noch ein wenig weiterfahren, und sie riefen fröhlich zurück, das solle er nur. Als er zum drittenmal kam, rief er, er wolle nur seine Kinder holen, und seinen Kindern rief er zu, er wolle nur seine Freunde holen. Bald darauf waren Freunde und Kinder von beiden Ufern verschwunden, und als er zum viertenmal kam, rief er nichts mehr.

Er hatte entdeckt, daß sein Benzintank leck war, das Benzin war längst ausgelaufen, aber das Seewasser trieb seinen Motor weiter. Er dachte jetzt nicht mehr, das sei weiter kein Unglück und zum Glück sei der See groß. Der letzte Dampfer kam vorbei, und die Leute riefen ihm übermütig zu, aber er antwortete nicht, er dachte jetzt: "Wenn nur kein Boot mehr käme!" Und dann kam auch keins mehr. Die Jachten lagen mit eingezogenen Segeln in den Buchten, und der See spiegelte die Lichter der Hotels. Dichter Nebel begann aufzusteigen, der Mann fuhr kreuz und quer und dann die Ufer entlang, irgendwo schwamm noch ein Mädchen und warf sich den Wellen nach, die sein Boot warf, und ging auch an Land.

Aber er konnte, während er fuhr, den lecken Tank nicht abdichten und fuhr immer weiter. Jetzt erleichterte ihn nur mehr der Gedanke, daß sein Tank doch eines Tages den See ausgeschöpft haben müsse, und er dachte, es sei eine merkwürdige Art des Sinkens, den See aufzusaugen und zuletzt mit seinem Boot auf dem Trockenen zu sitzen. Kurz darauf begann es zu regnen, und er dachte auch das nicht mehr. Als er wieder an dem Haus vorbeikam, vor dem das Mädchen gebadet hatte, sah er, daß hinter einem Fenster noch Licht war, aber uferaufwärts, in den Fenstern, hinter denen seine

ILSE AICHINGER

Kinder schliefen, war es schon dunkel, und als er kurz danach wieder
zurückfuhr, hatte auch das Mädchen sein Licht gelöscht. Der Regen
ließ nach, aber das tröstete ihn nun nicht mehr.

Am nächsten Morgen wunderten sich seine Freunde, die beim
Frühstück auf der Terrasse saßen, daß er schon so früh auf dem
Wasser sei. Er rief ihnen fröhlich zu, der Sommer ginge zu Ende,
man müsse ihn nützen, und seinen Kindern, die schon am frühen
Morgen auf dem Landungssteg standen, sagte er dasselbe. Und als
sie am nächsten Morgen eine Rettungsexpedition nach ihm ausschicken wollten, winkte er ab, denn er konnte doch jetzt, nachdem
er sich zwei Tage lang auf die Fröhlichkeit hinausgeredet hatte, eine
Rettungsexpedition nicht mehr zulassen; vor allem nicht angesichts
des Mädchens, das täglich gegen Abend die Wellen erwartete, die
sein Boot warf. Am vierten Tag begann er zu fürchten, daß man sich
über ihn lustig machen könne, tröstete sich aber bei dem Gedanken,
daß auch dies vorüberginge. Und es ging vorüber.

Seine Freunde verließen, als es kühler wurde, den See, und auch
die Kinder kehrten zur Stadt zurück, die Schule begann. Das
Motorengeräusch von der Uferstraße ließ nach, jetzt lärmte nur
noch sein Boot auf dem See. Der Nebel zwischen Wald und Gebirge
wurde täglich dichter, und der Rauch aus den Kaminen blieb in den
Wipfeln hängen.

Als letztes verließ das Mädchen den See. Vom Wasser her sah er
sie ihre Koffer auf den Wagen laden. Sie warf ihm eine Kußhand zu
und dachte: "Wäre er ein Verwunschener, ich wäre länger geblieben,
aber er ist mir zu genußsüchtig!"

Bald darauf fuhr er an dieser Stelle mit seinem Boot aus Verzweiflung auf den Schotter. Das Boot wurde längsseits aufgerissen
und tankt von nun an Luft. In den Herbstnächten hören es die
Einheimischen über ihre Köpfe dahinbrausen.

Oder die Frau, die vergeht, sobald sie ihre Sonnenbrille abnimmt.
Das war nicht immer so. Es gab Zeiten, zu denen sie mitten in der
hellen Sonne im Sand spielte, und damals trug sie keine Sonnenbrille.
Und es gab Zeiten, zu denen sie die Sonnenbrille trug, sobald ihr die

44

Sonne ins Gesicht schien, und sie abnahm, sobald sie verging — und doch selbst nicht verging. Aber das ist lange vorbei, sie würde, wenn man sie fragte, selbst nicht sagen können, wie lange, und sie würde sich eine solche Frage auch verbitten.

Wahrscheinlich rührt all das Unglück von dem Tag her, an dem sie begann, die Sonnenbrille auch im Schatten nicht abzunehmen, von dieser Autofahrt im Frühsommer, als es plötzlich trüb wurde und jedermann die dunklen Gläser von den Augen nahm, nur sie nicht. Aber man sollte Sonnenbrillen niemals im Schatten tragen, sie rächen sich.

Als sie wenig später während einer Segelfahrt auf der Jacht eines Freundes die Sonnenbrille für einen Augenblick abnahm, fühlte sie sich plötzlich zu nichts werden, Arme und Beine lösten sich im Ostwind auf. Und dieser Ostwind, der die weißen Schaumkämme über den See trieb, hätte sie sicher wie nichts über Bord geweht, wäre sie nicht geistesgegenwärtig genug gewesen, ihre Sonnenbrille sofort wieder aufzusetzen. Derselbe Ostwind brachte aber zum Glück gutes Wetter, Sonne und große Hitze, und so fiel sie während der nächsten Wochen weiter nicht auf. Wenn sie abends tanzte, erklärte sie jedem, der es wissen wollte, sie trüge die Sonnenbrille gegen das starke Licht der Bogenlampen, und bald begannen viele sie nachzuahmen. Freilich wußte niemand, daß sie die Sonnenbrille auch nachts trug, denn sie schlief bei offenem Fenster und hatte keine Lust, hinausgeweht zu werden oder am nächsten Morgen aufzuwachen und einfach nicht mehr da zu sein.

Als für kurze Zeit trübes Wetter und Regen einsetzte, versuchte sie noch einmal, ihre Sonnenbrille abzunehmen, geriet aber sofort in denselben Zustand der Auflösung, wie das erste Mal, und bemerkte, daß auch der Westwind bereit war, sie davonzutragen. Sie versuchte es daraufhin nie wieder, sondern hielt sich solange abseits und wartete, bis die Sonne wiederkam. Und die Sonne kam wieder. Sie kam den ganzen Sommer über immer wieder. Dann segelte sie auf den Jachten ihrer Freunde, spielte Tennis oder schwamm auch, mit der Sonnenbrille im Gesicht, ein Stück weit in den See hinaus. Und sie küßte auch den einen oder den anderen und nahm die Sonnenbrille dazu nicht ab. Sie entdeckte, daß sich das meiste auf der Welt auch mit Sonnenbrillen vor den Augen tun ließ. Solange es Sommer war.

Aber nun wird es langsam Herbst. Die meisten ihrer Freunde sind in die Stadt zurückgekehrt, nur einige wenige sind noch geblieben. Und sie selbst — was sollte sie jetzt mit Sonnenbrillen in der Stadt? Hier legt man ihre Not noch als persönliche Note aus, und solange es sonnige Tage gibt und die letzten ihrer Freunde um sie sind, wird sich nichts ändern. Aber der Wind bläst mit jedem Tag stärker, Freunde und sonnige Tage werden mit jedem Tag weniger. Und es ist keine Rede davon, daß sie die Sonnenbrille jemals wieder abnehmen könnte.

Was soll geschehen, wenn es Winter wird?

Da waren auch noch drei Mädchen, die am Heck des Dampfers standen und sich über den einzigen Matrosen lustig machten, den es auf dem Dampfer gab. Sie stiegen am flachen Ufer ein, fuhren an das bergige Ufer hinüber, um dort Kaffee zu trinken, und dann wieder an das flache zurück.

Der Matrose beobachtete vom ersten Augenblick an, wie sie lachten und sich hinter der vorgehaltenen Hand Dinge zuriefen, die er wegen des großen Lärms, den der kleine Dampfer verursachte, nicht verstehen konnte. Aber er hatte den bestimmten Argwohn, daß es ihn und den Dampfer betraf; und als er von seinem Sitz neben dem Kapitän herunterkletterte, um die Fahrkarten zu markieren, und dabei in die Nähe der Mädchen kam, wuchs ihre Heiterkeit, so daß er seinen Argwohn bestätigt fand. Er fuhr sie an und fragte sie nach ihren Karten, aber sie hatten sie leider schon genommen, und so blieb ihm nichts anderes übrig, als die Karten zu markieren. Dabei fragte ihn eines der Mädchen, ob er auch den Winter über keine andere Beschäftigung hätte, und er antwortete: "Nein." Gleich darauf begannen sie wieder zu lachen.

Aber von da ab hatte er die Empfindung, seine Mütze hätte das Schild verloren, und es fiel ihm schwer, den Rest der Karten zu markieren. Er kletterte zum Kapitän zurück, nahm aber diesmal nicht die Kinder der Ausflügler vom Verdeck mit hinauf, wie er es sonst tat. Und er sah den See von oben grün und ruhig unten liegen, und er sah den scharfen Einschnitt des Bugs — schärfer konnte auch ein Ozeanriese nicht die See durchschneiden —, aber das beruhigte ihn heute nicht. Vielmehr erbitterte ihn die Tafel mit der Aufschrift "Achtung auf den Kopf!", die über dem Eingang zu den Kabinen angebracht war, und der schwarze Rauch, der aus dem Kamin bis zum Heck wehte und die flatternde Fahne schwärzte, als hätte er die Schuld daran.

Nein, er tat auch im Winter nichts anderes. Weshalb denn der Dampfer auch im Winter verkehre, fragten sie ihn, als er wieder in ihre Nähe kam. "Wegen der Post!" sagte er. In einem lichten Augenblick sah er sie dann ruhig miteinander sprechen, und das tröstete ihn für eine Weile; aber als der Dampfer anlegte und er die Seilschlinge über den Pflock auf dem kleinen Steg warf, begannen sie, obwohl er den Pflock haargenau getroffen hatte, wieder zu lachen, und konnten sich, solange er sie sah, nicht mehr beruhigen.

Eine Stunde später stiegen sie wieder ein, aber der Himmel hatte sich inzwischen verdüstert, und als sie in der Mitte des Sees waren, brach das Gewitter los. Das Boot begann zu schaukeln, und der Matrose ergriff die Gelegenheit beim Schopf, um den Mädchen zu zeigen, was er wert war. Er kletterte in seiner Ölhaut öfter als nötig über das Geländer und außen herum und wieder zurück. Dabei glitt er, da es inzwischen immer stärker regnete, auf dem nassen Holz aus und fiel in den See. Und weil er mit den Matrosen der Ozeanriesen gemeinsam hatte, daß er nicht schwimmen konnte, und der See mit der See, daß es sich darin ertrinken ließ, ertrank er auch.

Er ruht in Frieden, wie es auf seinem Grabstein steht, denn man zog ihn heraus. Aber die drei Mädchen fahren noch auf dem Dampfer und stehen am Heck und lachen hinter der vorgehaltenen Hand. Wer sie sieht, sollte sich von ihnen nicht beirren lassen. Es sind immer dieselben.

KURT KUSENBERG

KURT KUSENBERG, who was born in 1904 in Göteborg in Sweden, specialized as a university student in Germany in the history of art, and has long been active as an art critic; he is the author of various essays and books on art. With affinities to French art and artists, he has been one of the earlier advocates in Germany of the work of Picasso and the Surrealists. He has published a number of volumes of short stories of a light, humorous character — *La Botella* (1940), *Der blaue Traum* (1943), *Die Sonnenblumen* (1951). *Wein auf Lebenszeit* (1955). Here he breaks down the dimensions of the common-sense world by excursions into the fantastic and absurd. His revolt against the limitations of everyday life takes the form of escape into a fairyland of burlesque and exaggeration; the juxtaposition of drab ordinariness with magic exoticism, and the consequent conflicts and absurdities are reminiscent of some of the stories of E. T. A. Hoffmann. The following tale, from the volume *Die Sonnenblumen*, satirizes life in suburbia; if the houses all look the same, and one family lives and behaves much like any other, it is hardly surprising if a man loses his own identity and finds somebody else's. Kusenberg has a precision of style which fits the neatness of his fantasies.

WER IST MAN?

ALS Herr Boras um halb elf Uhr vormittags ins Erdgeschoß seines Hauses hinabstieg, kam er sich federleicht vor und verspürte unbändige Lachlust. Am Abend vorher hatte er mit einem Freunde tüchtig getrunken, zuerst Wein, dann Schnaps, dann Bier, dann alles durcheinander. Es war wohl ein bißchen viel gewesen, denn auf den Heimweg konnte er sich durchaus nicht mehr besinnen. Wozu auch? Er hatte heimgefunden, das stand fest, das genügte, er war spät aufgestanden und nun erwartete ihn drunten das Frühstück. Das Frühstück? Das Spätstück! Erwartete das Spätstück ihn oder erwartete er das Spätstück? Vielleicht lauerten sie beide aufeinander. Die Vorstellung, daß er das listige Spätstück sogleich überrumpeln werde, erheiterte Herrn Boras, er prustete los wie ein Zerstäuber. Es war sein letztes Lachen an diesem Tage.

Im Erdgeschoß angelangt, beschloß Herr Boras, einen Blick in den Garten zu tun. Er hörte seine Frau in der Küche hantieren, doch zog es ihn zu ihr nicht hin. Leute, die früh aufgestanden sind, haben eine hohe Meinung von sich und behandeln Spätaufsteher streng, verletzend oder gar hämisch. Ein Garten hingegen ist die reine Güte; er schaut einen nicht an, sondern läßt sich anschauen. Er ist da, nur da und sehr grün. Grün aber braucht der Mensch, weil es ihn erfrischt — Grünes sehen ist fast so gesund wie Grünes essen.

Herr Boras erging sich ein wenig im Garten. Als er zu den Himbeersträuchern kam, gewahrte er seinen Hund, der eifrig ein Loch in die Erde scharrte. Er pfiff ihm. Das Tier hielt inne, äugte und lief herbei. Anstatt aber freudig an seinem Herrn hochzuspringen, umkreiste es ihn drohend, mit bösem Geknurre und Gebell.

Er hat etwas gegen mich, dachte Herr Boras. Vielleicht wittert er den Alkohol, der mir aus den Poren dunstet. "Komm her!" befahl er und klopfte begütigend an seiner Hose, doch der Hund nahm es für eine Herausforderung — er schnappte nach der Hose, und als Herr Boras zuschlug, biß er ihn in die Hand. Zorn packte diesen, gleich darauf aber Angst. Am Ende war das Tier tollwütig! Er trat den Rückweg an, um mit seiner Frau darüber zu reden. Langsam nur kam er von der Stelle, denn er mußte den Hund im Auge behalten; einem Kreisel gleich, drehte er sich seinem Hause zu.

"Was tun Sie in unserem Garten?" schrillte es, und als Herr Boras sich umwandte, blickte er in das Gesicht seiner Frau. Er konnte nicht lange hinblicken, weil er sich des Hundes erwehren mußte, der ihn nun noch ärger bedrängte.

"Martha!" rief er. "Ihr seid wohl alle verrückt geworden!"

"Noch einmal meinen Vornamen, und ich rufe die Polizei!" Wahrhaftig, so sprach sie mit ihm. Es war nicht zu glauben: eines kurzen Rausches wegen verleugnete sie die lange Ehe.

"Wer ist der Onkel?" erkundigte sich eine Kinderstimme. Herrn Boras traf das besonders schmerzlich, denn er liebte seinen Sohn. Und nun hatte man den Jungen aufgehetzt!

"Hinaus!" rief die Frau.

"Hinaus!" schrie der Knabe, mutig im Schutz der zornigen Mutter, und der Hund bellte dasselbe. Alle drei rückten gegen Herrn Boras vor. Da gab der Mann nach, wie ein Dieb verließ er sein eigenes Grundstück.

Ratlos durchschritt er die Straße, bog um die nächste Ecke, ging weiter, bog wieder ein und so fort, eine ganze Weile lang; seine Gedanken wollten sich gar nicht ordnen. Plötzlich fiel ihm ein, er könne sich vielleicht am Abend zuvor, bei der trunkenen Heimkehr, übel betragen und den Abscheu seiner Familie erregt haben. Wahrscheinlich war das freilich nicht, aber es war immerhin möglich; im Rausch ist vieles möglich, eigentlich alles.

Vielleicht, überlegte Herr Boras, hat Kilch mich gestern nach Hause gebracht, vielleicht weiß er mehr. Ich werde ihn fragen.

Der Freund wohnte nicht weit; fünf Minuten später läutete Herr Boras an seiner Tür. Kilch öffnete und blickte Herrn Boras kühl an. "Sie wünschen?" fragte er.

"Kilch!" rief Herr Boras. "Was soll der Unsinn?"

Der Andere zog ein spöttisches Gesicht. "Das frage ich mich auch!" sprach er und warf die Tür zu.

Selbst der Freund stand gegen ihn! Was mochte geschehen sein, daß alle Türen sich vor Herrn Boras schlossen?

Ich blicke nicht durch, gestand sich der Arme. Zu den Meinen kann ich nicht zurück, jedenfalls heute nicht, die waren gar zu böse. Wo aber soll ich nächtigen? Bei Carlo natürlich. Er ist der bessere Freund, ich hätte es wissen sollen, wir kennen uns seit der Schulzeit, das bindet.

Carlo aufsuchen hieß eine kleine Reise tun, und daran war allmählich der Umgang mit dem Freunde erloschen. An diesem Tage aber überwand Herr Boras seine Trägheit, er fuhr eine gute halbe Stunde, bis er bei Carlos Wohnung anlangte. Auf der Treppe stolperte er. Schlecht! dachte Herr Boras. Schon den ganzen Tag stolpere ich.

Er läutete. Schritte kamen näher, die Tür ging auf, der Schulfreund zeigte sich. "Ich kaufe nichts!" sagte er unfreundlich. "Ich bestelle nichts, ich unterschreibe nichts, ich habe kein Geld. Guten

Tag!" Die Tür fiel ins Schloß. Während Herr Boras die Treppe hinabstieg, überkam ihn abermals das Empfinden, er sei federleicht und schwebe. Auch die Lachlust meldete sich wieder, doch war es eine andere als vorhin.

Auf der Straße — endlich, endlich! — begriff Herr Boras, was geschehen sei: ihm war, kurz gesagt, die Gleichheit mit sich selber abhanden gekommen. Er hatte seine Vergangenheit eingebüßt wie eine Brieftasche, er konnte sich nicht mehr ausweisen. Sonderbar! dachte Herr Boras. Zwar lebe ich, doch scheint es, als hätte ich nie gelebt, denn es sind keine Spuren geblieben. Und dabei war ich von meinem Dasein so fest überzeugt! Nein, es kann keine Einbildung gewesen sein. Wie aber habe ich das alles verloren! Vielleicht durch eine ungeschickte Bewegung? Richtig, so wird's sein: ich bin aus dem Weltplan herausgerutscht und passe nun nirgends mehr hinein. Jeder Komet ist planmäßiger als ich.

Inzwischen war es ein Uhr nachmittags geworden. Obwohl Herr Boras, wie er meinte, dem Gefüge der Welt nicht mehr angehörte, spürte er Hunger, denn um diese Zeit pflegte er zu essen — sofern er überhaupt von Gepflogenheiten reden durfte. Er hielt Umschau nach einer Gastwirtschaft, doch damit stand es in dieser Gegend nicht zum besten; der abgelegene Vorort war nur zum Wohnen eingerichtet.

Trübe schritt Herr Boras an vielen Gärten, an vielen Häusern vorbei; manche ähnelten ungemein dem Hause, welches er bislang für das seine gehalten hatte. Deshalb war er auch nicht sonderlich erstaunt, als eine Frau sich aus einem Fenster beugte und ihm zurief: "Zeit, daß Du kommst! Die Suppe steht schon auf dem Tisch."

Ohne lange zu überlegen, klinkte Herr Boras die Gartenpforte auf und trat ein; er hatte Hunger. An der Haustür sprang ihm ein Knabe entgegen. "Vati, es gibt Eierkuchen!"

"Fein, mein Junge!" erwiderte Herr Boras. Er streifte den Staub von den Schuhen, hing seinen Hut an den Haken, gab der Frau einen flüchtigen Kuß, setzte sich zu Tisch und begann die Suppe zu löffeln. Während des Essens betrachtete er die Frau und den Jungen, vorsichtig, damit es ihnen nicht auffiel, denn sie hielten ihn offenbar für den Hausvater. Die Frau war nicht übel, und auch der Junge gefiel ihm; das Essen schmeckte gut.

Ach was, dachte er, Familie ist Familie, die Hauptsache bleibt, man hat eine. Ich kann von Glück reden, daß ich wieder untergeschlüpft bin, es sah vorhin trübe aus. Gewiß, ich habe mir die beiden hier nicht ausgesucht, doch was sucht man sich schon aus? Man wählt ja immer, wie man muß. Nein, nein, der Tausch ist ganz gut, er verspricht sogar einiges — zumindest Abwechslung.

"Was schaust Du uns so an?" fragte die Frau. "Hast Du etwas auszusetzen?"

Herr Boras wischte sich die Lippen mit dem Mundtuch ab. "Im Gegenteil, alles ist in bester Ordnung." Er griff in die Obstschale, nahm einen Apfel und begann ihn zu schälen. Bald, das wußte er, würde er sich eingewöhnt haben. Vielleicht hatte er immer schon hier gelebt und sich das andere Dasein nur eingebildet. Wer weiß schon genau, ob er träumt oder lebt?

Es läutete. "Bleib sitzen!" sprach die Frau, stand auf und ging hinaus. Da sie die Tür angelehnt ließ, konnte man genau hören, was im Flur vor sich ging.

"Wohin? Was soll das!" erklang streng die Stimme der Frau. "Sofort hinaus — oder ich rufe meinen Mann!"

"Du bist wohl nicht bei Trost!" antwortete eine Männerstimme. "Laß die Späße, ich habe Hunger."

"Hier ist keine Armenküche. Hinaus! Ich werde Sie lehren, mich zu duzen!" Nun, der Streit ging weiter, doch nicht lange. Der Mann räumte das Feld, und die Tür knallte hinter ihm zu.

Mit rotem Gesicht trat die Frau wieder ein. "Solch eine Frechheit! Und Du stehst mir natürlich nicht bei."

"Der Bursche tat mir leid", entgegnete Herr Boras. "Sicherlich plagte ihn Hunger oder er hat unser Haus mit dem seinen verwechselt."

"Verwechselt?" rief die Frau. "Der hat bestimmt kein Haus, auch keine Familie."

Herr Boras erhob sich eilig. "Eben darum will ich ihm ein Mittagessen spendieren. Ich bin sofort zurück." Er lief hinaus und holte den

Fremden an der Gartenpforte ein. Der Mann war bleich vor Erregung, seine Augen blickten verwirrt.

"Ich kann mir denken", sprach Herr Boras, "wie Ihnen zumute ist, und ich will helfen." Er zog sein Notizbuch, kritzelte eine Zeile und riß das Blatt ab. "Hier, mein Freund, haben Sie eine gute Adresse. Fahren Sie hin, aber rasch — sonst wird das Essen kalt."

Der Andere nahm den Zettel, fand jedoch keine Worte. Er hätte sie auch nicht mehr anbringen können, denn Herr Boras enteilte bereits.

"Du bist viel zu gutmütig", meinte die Frau, als er eintrat. Herr Boras setzte sich und nahm den Apfel wieder vor. "Durchaus nicht. Ich habe nur vorsorglich gespendet. Was heute ihm passiert, kann morgen mir zustoßen."

Am nächsten Tag fuhr Herr Boras in die Stadt und suchte die Straße auf, in der er gewohnt hatte. Als er bei seinem Hause vorbeischritt, sah er seine Frau mit dem Anderen im Garten sitzen. Die Frau strickte, der Mann las die Zeitung; beide schauten zufrieden drein. Da war auch Herr Boras zufrieden.

WOLFGANG BORCHERT

WOLFGANG BORCHERT, born in Hamburg in 1921, went first of all into the book trade and was then an actor until he was called up in 1941 and sent to the Russian front. His outspoken criticism of Hitler's régime and policy brought him eight months' imprisonment and a death-sentence which after six weeks was annulled so that he could be sent back to fight. In 1944 his incautious tongue brought him another sentence, this time of nine months in Berlin. Shortly before the end of the war he was sent back to the army, and after being captured by the Americans he was able to return to Hamburg in May 1945. Although a sick man, he was active as a theatre-producer and cabaret-actor, and it was now that he began his creative writing. Friends enabled him to make a journey to Switzerland in the autumn of 1947 in the hope that he would recover his health there, but he died in hospital in Basle a few weeks after arriving in that country.

His most extensive work is the play *Draußen vor der Tür* (1947), which first became known as a radio drama; these episodes from the life of a soldier who finds no place or purpose on his return home are full of uncompromising criticism of authority and reflect the author's rebellious pessimism. In addition to lyrical poetry Borchert wrote short stories and sketches which reflect his experiences during the war and immediately afterwards. These prose works are not always stories with a plot in the accepted sense, but rather evocations of a place, mood or situation, lyrical prose-poems. *Der viele viele Schnee*, from the collection *An diesem Dienstag* (1948), catches the mood of silent, ubiquitous snow somewhere in Russia. The other two sketches, from *Die Hundeblume* (1948), conjure up the poetry of railways and of Borchert's greatest love, the city of Hamburg. Borchert's writings have been edited with a biographical sketch by B. Meyer-Marwitz, as *Das Gesamtwerk* (1949), and there is an English translation by David Porter, with an introduction by Stephen Spender (*The Man Outside. The Prose Works of Wolfgang Borchert*, 1952).

DER VIELE VIELE SCHNEE

SCHNEE hing im Astwerk. Der Maschinengewehrschütze sang. Er tand in einem russischen Wald auf weit vorgeschobenem Posten. Er sang Weihnachtslieder, und dabei war es schon Anfang Februar. Aber das kam, weil Schnee meterhoch lag. Schnee zwischen den chwarzen Stämmen. Schnee auf den schwarzgrünen Zweigen. Im Astwerk hängen geblieben, auf Büsche geweht, wattig, und an chwarze Stämme gebackt. Viel viel Schnee. Und der Maschinenewehrschütze sang Weihnachtslieder, obgleich es schon Februar var.

Hin und wieder mußt du mal ein paar Schüsse loslassen. Sonst riert das Ding ein. Einfach geradeaus ins Dunkle halten.[1] Damit es icht einfriert. Schieß man auf die Büsche da. Ja, die da, dann weißt lu gleich, daß da keiner drin sitzt. Das beruhigt. Kannst ruhig alle Viertelstunde mal eine Serie loslassen. Das beruhigt. Sonst friert das Ding ein. Dann ist es auch nicht so still, wenn man hin und wieder nal schießt.

Das hatte der gesagt, den er abgelöst hatte. Und dazu noch: Du mußt den Kopfschützer von den Ohren machen. Befehl vom Regiment. Auf Posten muß man den Kopfschützer von den Ohren nachen. Sonst hört man ja nichts. Das ist Befehl. Aber man hört owieso nichts. Es ist alles still. Kein Mucks. Die ganzen Wochen chon. Kein Mucks. Na, also dann. Schieß man hin und wieder mal. Das beruhigt.

Das hatte der gesagt. Dann stand er allein. Er nahm den Kopfchützer von den Ohren und die Kälte griff mit spitzen Fingern nach nnen. Er stand allein. Und Schnee hing im Astwerk. Klebte an blauchwarzen Stämmen. Angehäuft überm Gesträuch. Aufgetürmt, in Mulden gesackt und hingeweht. Viel viel Schnee.

Und der Schnee, in dem er stand, machte die Gefahr so leise. So veit ab. Und sie konnte schon hinter einem stehen. Er verschwieg ie. Und der Schnee, in dem er stand, allein stand in der Nacht, zum

---

[1] *ins Dunkle halten*: "shoot into the dark".

erstenmal allein stand, er machte die Nähe der andern so leise. S
weit ab machte er sie. Er verschwieg sie, denn er machte alles so leise
daß das eigene Blut in den Ohren laut wurde, so laut wurde, daß ma
ihm nicht mehr entgehen konnte. So verschwieg der Schnee.

Da seufzte es. Links. Vorne. Dann rechts. Links wieder. Und hinte
mit einmal. Der Maschinengewehrschütze hielt den Atem an. Da
wieder. Es seufzte. Das Rauschen in seinen Ohren wurde ganz groß
Da seufzte es wieder. Er riß sich den Mantelkragen auf. Die Finge
zerrten, zitterten. Den Mantelkragen zerrten sie auf, daß er das Oh
nicht verdeckte. Da. Es seufzte. Der Schweiß kam kalt unter der
Helm heraus und gefror auf der Stirn. Gefror dort. Es waren zwe
undvierzig Grad Kälte. Unterm Helm kam der Schweiß heraus un
gefror. Es seufzte. Hinten. Und rechts. Weit vorne. Dann hier. Da
Da auch.

Der Maschinengewehrschütze stand im russischen Wald. Schne
hing im Astwerk. Und das Blut rauschte groß in den Ohren. Un
der Schweiß gefror auf der Stirn. Und der Schweiß kam unterm Hel
heraus. Denn es seufzte. Irgendwas. Oder irgendwer. Der Schne
verschwieg den. Davon gefror der Schweiß auf der Stirn. Denn di
Angst war groß in den Ohren. Denn es seufzte.

Da sang er. Laut sang er, daß er die Angst nicht mehr hörte. Un
das Seufzen nicht mehr. Und daß der Schweiß nicht mehr fror. E
sang. Und er hörte die Angst nicht mehr. Weihnachtslieder sang e
und er hörte das Seufzen nicht mehr. Laut sang er Weihnachtsliede
im russischen Wald. Denn Schnee hing im schwarzblauen Astwer
im russischen Wald. Viel Schnee.

Aber dann brach plötzlich ein Zweig. Und der Maschine
gewehrschütze schwieg. Und fuhr herum. Und riß die Pistol
heraus. Da kam der Feldwebel durch den Schnee in großen Sätze
auf ihn zu.

Jetzt werde ich erschossen, dachte der Maschinengewehrschütze
Ich habe auf Posten gesungen. Und jetzt werde ich erschossen. D
kommt schon der Feldwebel. Und wie er läuft. Ich habe auf Poste
gesungen, und jetzt kommen sie und erschießen mich.

Und er hielt die Pistole fest in der Hand.

Da war der Feldwebel da. Und hielt sich an ihm. Und sah sich um. Und flog. Und keuchte dann:

Mein Gott. Halt mich fest, Mensch. Mein Gott! Mein Gott! Und dann lachte er. Flog an den Händen.[1] Und lachte doch: Weihnachtslieder hört man schon. Weihnachtslieder in diesem verdammten russischen Wald. Weihnachtslieder. Haben wir nicht Februar? Wir haben doch schon Februar. Dabei hört man Weihnachtslieder. Das kommt von dieser furchtbaren Stille. Weihnachtslieder! Mein Gott nochmal! Mensch, halt mich bloß fest. Sei mal still. Da! Nein. Jetzt ist es weg. Lach nicht, sagte der Feldwebel und keuchte noch und hielt den Maschinengewehrschützen fest, lach nicht, du. Aber das kommt von der Stille. Wochenlang diese Stille. Kein Mucks! Nichts! Da hört man denn nachher schon Weihnachtslieder. Und dabei haben wir doch längst Februar. Aber das kommt von dem Schnee. Der ist so viel hier. Lach nicht, du. Das macht verrückt, sag ich dir. Du bist erst zwei Tage hier. Aber wir sitzen hier nun schon wochenlang drin. Kein Mucks. Nichts. Das macht verrückt. Immer alles still. Kein Mucks. Wochenlang. Dann hört man allmählich Weihnachtslieder, du. Lach nicht. Erst als ich dich sah, waren sie plötzlich weg. Mein Gott. Das macht verrückt. Diese ewige Stille. Diese ewige!

Der Feldwebel keuchte noch. Und lachte. Und hielt ihn fest. Und der Maschinengewehrschütze hielt ihn wieder fest. Dann lachten sie beide. Im russischen Wald. Im Februar.

Manchmal bog sich ein Ast von dem Schnee. Und der rutschte dann zwischen den schwarzblauen Zweigen zu Boden. Und seufzte dabei. Ganz leise. Vorne mal. Links. Dann hier. Da auch. Überall seufzte es. Denn Schnee hing im Astwerk. Der viele viele Schnee.

EISENBAHNEN, NACHMITTAGS UND NACHTS

STROM und Straße sind uns zu langsam. Sind uns zu krumm. Denn wir wollen nach Hause. Wir wissen nicht, wo das ist: Zu Hause.

[1] *Flog an den Händen:* "breathed (blew) into his hands".

Aber wir wollen hin. Und Straße und Strom sind uns z
krumm.

Aber auf Brücken und Dämmen hämmern die Bahnen. Durc
schwarzgrünatmende Wälder und die sternbestickten seidige
samtenen Nächte fauchen die Güterzüge heran und davon mit de
unablässigen Hintereinander der Räder. Über Millionen schwielige
Schwellen vorwärtsgerumpelt. Unaufhaltsam. Ununterbrochen: Di
Bahnen. Über Dämme hinhämmernd, über Brücken gebrüllt, au
Diesigkeiten herandonnernd, in Dunkelheiten verdämmernd: Sum
mende brummende Bahnen. Güterzüge, murmelnd, eilig, irgendw
träge und ruhlos, sind sie wie wir.

Sie sind wie wir. Sie kündigen sich an, pompös, großartig un
schon aus enorm ferner Ferne, mit einem Schrei. Dann sind sie da w
Gewitter und als ob sie wunder was für Welten umwälzten. Dab
ähneln sie sich alle und sind immer wieder überraschend und erregend
Aber im Nu, kaum daß man begreift, was sie eigentlich wollen, sin
sie vorbei. Und alles ist, als ob sie nicht waren. Höchstens Ruß un
verbranntes Gras nebenher beweisen ihren Weg. Dann verabschiede
sie sich, etwas melancholisch und schon aus enorm ferner Ferne, m
einem Schrei. Wie wir.

Einige unter ihnen singen. Summen und brummen durch unser
glücklichen Nächte und wir lieben ihren monotonen Gesang, ihre
verheißungsvollen gierigen Rhythmus: Nach Haus — nach Haus -
nach Haus. Oder sie ereifern sich vielversprechend durch schlafende
Land, heulen hohl über einsame Kleinstadtbahnhöfe mit eingeschüc
terten schläfrigen Lichtern: Morgen in Brüssel — morgen in Brüsse
Oder sie wissen noch viel mehr, piano, nur für dich, und die nebe
dir sitzen, hören es nicht, piano: Ulla wartet — Ulla wartet — Ull
wartet — —

Aber es gibt auch gleichmütige unter ihnen, die endlos sind un
weise und den breiten Rhythmus von alten Lastträgern haben. Si
murmeln und knurren allerhand vor sich hin und dabei liegen sie w
niegesehene Ketten in der Landschaft unter dem Mond, Ketter
unbegrenzt in ihrer Pracht und in ihrem Zauber und in ihren Farbe
im blassen Mond: Braunrot, schwarz oder grau, hellblau und weiß

Güterwagen — zwanzig Menschen, vierzig Pferde[1] — Kohlenwagen, die märchenhaft nach Teer und Parfüm stinken — Holzwaggons, die atmen wie Wald — Zirkuswagen, hellblau, mit den schnarchenden Athleten im Innern und den ratlosen Tieren — Eiswagen, grönlandkühl und grönlandweiß, fischduftend. Unbegrenzt sind sie in ihrem Reichtum, und sie liegen wie kostbare Ketten auf den stählernen Strängen und gleiten wie prächtige seltene Schlangen im Mondlicht. Und sie erzählen denen, die nachts mit ihrem Ohr leben und mit ihrem Ohr unterwegs sind, den Kranken und den Eingesperrten, von der unbegreiflichen Weite der Welt, von ihren Schätzen, von ihrer Süße, ihren Enden und Unendlichkeiten. Und sie murmeln die, die ohne Schlaf sind, in gute Träume.

Aber es gibt auch grausame, unerbittliche, brutale, die ohne Melodie durch die Nacht hämmern, und ihr Puls will dir nicht wieder aus den Ohren, denn er ist hart und häßlich, wie der Atem eines bösen asthmatischen Hundes, der hinter dir herhetzt: Immer weiter — nie zurück — für immer — für immer. Oder grimmiger mit grollenden Rädern: Alles vorbei — alles vorbei. Und ihr Lied gönnt uns den Schlaf nicht und scheucht noch grausam die friedlichen Dörfer rechts oder links aus den Träumen, daß die Hunde heiser werden vor Wut. Und sie rollen schreiend und schluchzend, die Grausamen, Unbestechlichen, unter den matten Gestirnen, und selbst der Regen macht sie nicht milde. In ihrem Schrei schreit das Heimweh, das Verlorene, Verlassene — schluchzt das Unabwendbare, Getrennte, Geschehene und Ungewisse.

Und sie donnern einen dumpfen Rhythmus, unselig und untröstlich, auf den mondbeschienenen Schienen. Und du vergißt sie nie.

Sie sind wie wir. Keiner garantiert ihren Tod in ihrer Heimat. Sie sind ohne Ruh und ohne die Rast der Nacht, und sie rasten nur, wenn sie krank sind. Und sie sind ohne Ziel. Vielleicht sind sie in Stettin zu Hause oder in Sofia oder in Florenz. Aber sie zersplittern zwischen Kopenhagen und Altona oder in einem Vorort von Paris.

[1] *Güterwagen — zwanzig Menschen, vierzig Pferde*: In the period immediately following the end of the war passengers often had to travel in goods vans, cattle-trucks, or wherever they could find room on a train.

Oder sie versagen in Dresden. Oder mogeln sich noch ein paar Jahre als Altenteil durch — Regenhütten für Streckenarbeiter oder als Wochenendhäuschen für Bürger.

Sie sind wie wir. Sie halten viel mehr aus, als alle geglaubt haben. Aber eines Tages kippen sie aus den Gleisen, stehen still oder verlieren ein wichtiges Organ. Immer wollen sie irgendwohin. Niemals bleiben sie irgendwo. Und wenn es aus ist, was ist ihr Leben? Unterwegssein. Aber großartig, grausam, grenzenlos.

Eisenbahnen, nachmittags, nachts. Die Blumen an den Bahndämmen, mit ihren rußigen Köpfen, die Vögel auf den Drähten, mit rußigen Stimmen, sind mit ihnen befreundet und erinnern sie noch lange.[1]

Und wir bleiben auch stehen, mit erstaunten Augen, wenn es — schon aus enorm ferner Ferne — verheißungsvoll herausschreit. Und wir stehen, mit flatterndem Haar, wenn es da ist wie Gewitter und als ob es wunder was für Welten umwälzte. Und wir stehen noch, mit rußigen Backen, wenn es — schon aus enorm ferner Ferne — schreit. Weit weit ab schreit. Schreit. Eigentlich war es nichts. Oder alles. Wie wir.

Und sie pochen vor den Fenstern der Gefängnisse süßen gefährlich verheißenden Rhythmus. Ohr bist du dann, armmütiger Häftling, unendliches Gehör bist du den klopfenden kommenden Zügen in den Nächten, und ihr Schrei und ihr Pfiff überzittert das weiche Dunkel deiner Zelle mit Schmerz und Gelüst.

Oder sie stürzen brüllend über das Bett, wenn du nachts das Fieber beherbergst. Und die Adern, die mondblauen, vibrieren und nehmen das Lied auf, das Lied der Güterzüge: unterwegs — unterwegs — unterwegs — — Und dein Ohr ist ein Abgrund, der die Welt verschluckt.

Unterwegs. Aber immer wieder wirst du auf Bahnhöfe ausgespien, ausgeliefert an Abschied und Abfahrt.

Und die Stationen heben ihre bleichen Schilder wie Stirnen neben deiner dunklen Straße auf. Und sie haben Namen, die furchigen

---

[1] *erinnern sie noch lange*: "go on remembering them a long time". The usual construction is *sich erinnern an.*

Stirnschilder, Namen, die sind die Welt: Bett heißen sie, Hunger und Mädchen. Ulla oder Carola. Und erfrorene Füße und Tränen. Und Tabak heißen die Stationen, oder Lippenstift oder Schnaps. Oder Gott oder Brot. Und die bleichen Stirnen der Stationen, die Schilder, haben Namen, die heißen: Mädchen.

Du bist selber Schienenstrang, rostig, fleckig, silbern, blank, schön und ungewiß. Und du bist in Stationen eingeteilt, zwischen Bahnhöfe gebunden. Und die haben Schilder und da steht dann Mädchen drauf, oder Mond oder Mord. Und da ist dann die Welt.

Eisenbahn bist du, vorübergerumpelt, vorübergeschrien — Schienenstrang bist du — alles geschieht auf dir und macht dich rostblind und silberblank.

Mensch bist du, giraffeneinsam ist dein Hirn irgendwo oben am endlosen Hals. Und dein Herz kennt keiner genau.

HAMBURG

Hamburg!

Das ist mehr als ein Haufen Steine, Dächer, Fenster, Tapeten, Betten, Straßen, Brücken und Laternen. Das ist mehr als Fabrik-schornsteine und Autogehupe — mehr als Möwengelächter, Straßen-bahnschrei und das Donnern der Eisenbahnen — das ist mehr als Schiffssirenen, kreischende Kräne, Flüche und Tanzmusik — oh, das ist unendlich viel mehr.

Das ist unser Wille, zu sein. Nicht irgendwo und irgendwie zu sein, sondern hier und nur hier zwischen Alsterbach[1] und Elbestrom zu sein — und nur zu sein, wie wir sind, wir in Hamburg.

Das geben wir zu, ohne uns zu schämen: Daß uns die Seewinde und die Stromnebel betört und behext haben, zu bleiben — hier-zubleiben, hier zu bleiben! Daß uns der Alsterteich verführt hat, unsere Häuser reich und ringsherum zu bauen — und daß uns der Strom, der breite graue Strom verführt hat, unserer Sehnsucht nach

[1] *Alsterbach*: The Alster is a tributary of the Elbe which forms the Alster Lake in Hamburg.

den Meeren nachzusegeln, auszufahren, wegzuwandern, fortzu-
wehen — zu segeln, um wiederzukehren, wiederzukehren, krank und
klein vor Heimweh nach unserm kleinen blauen Teich inmitten der
grünhelmigen Türme und grauroten Dächer.

Hamburg, Stadt: Steinwald aus Türmen, Laternen und sechs-
stöckigen Häusern; Steinwald, dessen Pflastersteine einen Wald-
boden mit singendem Rhythmus hinzaubern, auf dem du selbst noch
die Schritte der Gestorbenen hörst, nachts manchmal.

Stadt: Urtier, raufend und schnaufend, Urtier aus Höfen, Glas und
Seufzern, Tränen, Parks und Lustschreien — Urtier mit blinkenden
Augen im Sonnenlicht: silbrigen, öligen Fleeten! Urtier mit schim-
mernden Augen im Mondlicht: zittrigen, glimmernden Lampen!

Stadt: Heimat, Himmel, Heimkehr — Geliebte zwischen Himmel
und Hölle, zwischen Meer und Meer; Mutter zwischen Wiesen und
Watt, zwischen Teich und Strom; Engel zwischen Wachen und
Schlaf, zwischen Nebel und Wind: *Hamburg!*

Und deswegen sind wir den Anderen verwandt, denen, die in
Haarlem, Marseille, Frisco und Bombay, Liverpool und Kapstadt
sind — und die Haarlem, Marseille, Frisco und Kapstadt so lieben,
wie wir unsere Straßen lieben, unsern Strom und den Hafen, unsere
Möwen, den Nebel, die Nächte und unsere Frauen.

Ach, unsere Frauen, denen die Möwenflügel die Locken durch-
einandertoben — oder war es der Wind? Nein, der Wind ist es, der
den Frauen keine Ruhe gibt — an den Röcken nicht und an den
Locken nicht. Dieser Wind, der den Matrosen auf See und im Hafen
ihre Abenteuer ablauert und dann unsere Frauen verführt mit
seinem Singsang von Ferne, Heimweh, Ausfahrt und Tränen —
Heimkehr und sanften, süßen, stürmischen Umarmungen.

Unsere Frauen in Hamburg, in Haarlem, Marseille, Frisco und
Bombay, in Liverpool und Kapstadt — und in Hamburg, in Ham-
burg! Wir kennen sie so und lieben sie so, wenn der Wind uns ihre
Knie mit einem frechen Pfiff für zwei Sekunden verschenkt, wenn er
uns eine unerwartete Zärtlichkeit spendiert und uns eine weiche
Locke gegen die Nase weht: Lieber herrlicher Hamburger Wind!
Hamburg!

Das ist mehr als ein Haufen Steine, unaussprechlich viel mehr! Das sind die erdbeerüberladenen, apfelblühenden Wiesen an den Ufern des Elbestromes — das sind die blumenüberladenen, backfischblühenden Gärten der Villen an den Ufern des Alsterteiches.

Das sind weiße, gelbe, sandfarbene und hellgrüne flache Lotsenhäuser und Kapitänsnester an den Hügeln von Blankenese.[1] Aber das sind auch die schmutzigen schlampigen lärmenden Viertel der Fabriken und Werften mit Schmierfettgestank, Teerruch und Fischdunst und Schweißatem. Oh — das ist die nächtliche Süße der Parks an der Alster und in den Vorstädten, wo die Hamburger, die echten Hamburger, die nie vor die Hunde gehen und immer richtigen Kurs haben, in den seligen sehnsüchtigen Nächten der Liebe gemacht werden. Und die ganz großen Glückskinder werden auf einem kissenduftenden, fröscheumquakten Boot auf der mondenen Alster in dieses unsterbliche Leben hineingeschaukelt!

Hamburg!

Das sind die tropischen tollen Bäume, Büsche und Blumen des Mammutfriedhofes, dieses vögeldurchjubelten gepflegtesten Urwalds der Welt, in dem die Toten ihren Tod verträumen und ihren ganzen Tod hindurch von den Möwen, den Mädchen, Masten und Mauern, den Maiabenden und Meerwinden phantasieren. Das ist kein karger militärischer Bauernfriedhof, wo die Toten (in Reih und Glied und in Ligusterhecken gezwungen, mit Primeln und Rosenstöcken wie mit Orden besteckt) auf die Lebenden aufpassen und teilnehmen müssen an dem Schweiß und dem Schrei der Arbeitenden und Gebärenden — ach, die können ihren Tod nicht genießen! Aber in Ohlsdorf[2] — da schwatzen die Toten, die unsterblichen Toten, vom unsterblichen Leben! Denn die Toten vergessen das Leben nicht — und sie können die Stadt, ihre Stadt, nicht vergessen!

Hamburg!

Das sind diese ergrauten, unentbehrlichen, unvermeidlichen Unendlichkeiten der untröstlichen Straßen, in denen wir alle geboren

---

[1] *Blankenese*: residential suburb on the Elbe west of Hamburg.

[2] *Ohlsdorf*: district in Hamburg where the main cemetery (*Zentral-Friedhof*) is situated.

sind und in denen wir alle eines Tages sterben müssen — und das ist doch unheimlich viel mehr als nur ein Haufen Steine!

Gehe hindurch und blähe deine Nasenlöcher wie Pferdenüstern: Das ist der Geruch des Lebens! Windeln, Kohl, Plüschsofa, Zwiebeln, Benzin, Mädchenträume, Tischlerleim, Kornkaffee, Katzen, Geranien, Schnaps, Autogummi, Lippenstift — Blut und Schweiß — Geruch der Stadt, Atem des Lebens: Mehr, mehr als ein Haufen Steine! Das ist Tod und Leben, Arbeit, Schlaf, Wind und Liebe, Tränen und Nebel!

Das ist unser Wille, zu sein: *Hamburg!*

WERNER BERGENGRUEN

WERNER BERGENGRUEN, born in 1892 in Riga, has spent much of his life in Germany, and since 1946 he has been living in Switzerland. He has written poetry as well as prose fiction. Two outstanding novels of his are *Der Großtyrann und das Gericht* (1935) and *Am Himmel wie auf Erden* (1940), both of which discuss fundamental principles of justice and freedom, obligation to the community and the right relationship between ruler and ruled. The former work, which may be regarded as an accomplished detective-tale, has been translated by Norman Cameron as *A Matter of Conscience* (1952). The long novel *Am Himmel wie auf Erden*, set in sixteenth-century Berlin, describes the panic fear caused by a prophecy of a new Flood that is to destroy the city.

Bergengruen is a master of narrative technique who introduces into his work a variety of incident and a wealth of plots. His shorter tales illustrate these qualities as clearly as do his novels. Among his most popular *Novellen* are *Die drei Falken* (1937; ed. P. Reilly, Oxford, 1952) and *Der spanische Rosenstock* (1940). The story which follows is taken from one of Bergengruen's more recent publications, *Der letzte Rittmeister* (1952; translated by Eric Peters as *The Last Captain of Horse: A Portrait of Chivalry*, 1953). In this volume are collected a number of short stories which in various ways illustrate the qualities of chivalry which the *Rittmeister* admires and himself embodies. This old captain of horse, an exile from Russia since the time of the First World War, is spending his last years in quiet, modest retirement in Switzerland; here he meets the author who records his sayings and stories. In a previous collection of short stories Bergengruen had already described the atmosphere of the Baltic provinces during the times of his own childhood and youth; the tales of *Der Tod von Reval* (1939) are a blend of the humorous and the macabre. The volume *Der letzte Rittmeister* similarly is imbued with a spirit of nostalgic fondness for past times and places, though a light wit and irony are always at hand to season the captain's regrets that there is no time like the past. A sequel *Die Rittmeisterin* (1954) contains further memories of pre-1914 Baltic Russia, and in this volume the author himself, Bergengruen, is more in the foreground.

The *Zwei Präsentiergeschichten* included here consist in fact of two brief stories which are clearly linked in their theme. They are told with a lightness of touch and a deprecating irony which imply that the narrator would make no large claims for their significance; and yet in the reactions of the ageing Goethe to the young officer's enthusiastic homage there is a glimpse into deeper meaning, and the second anecdote gains in historical perspective through its short epilogue.

ZWEI PRÄSENTIERGESCHICHTEN

Ich will Ihnen zwei Geschichten vom Präsentieren erzählen, sagte der Rittmeister. Verbreiten Sie sie nach Möglichkeit, damit Viele erfahren, daß das Präsentieren eine hübsche Sitte ist und auch noch zu besseren Dingen gut als dazu, einem verschrumpften General für Augenblicke ein Gefühl von Wichtigkeit zu verschaffen.

Daß man sich die Hand gibt, daß man den Frauen die Hand küßt, daß man den Hut abnimmt und sich verbeugt, — wissen Sie, ich möchte nicht leben in einer Welt, in der die Menschen sich nicht anders begrüßen als zwei Maulwürfe, die sich unter dem Rasen begegnen. Und mir gefällt es auch gut, daß man mit demjenigen Gerät salutiert, das dem Stande des Grüßenden seine Bedeutung gibt. Hierbei lächelte er spitzfindig, hob sein Schnapsglas und trank mir zu. — Daß also der Kutscher vom Bock mit der Peitsche salutiert und sich die beiden Fechter zuvor mit der Klinge grüßen. Allerdings, die Kaminkehrer grüßen sich nicht mit ihrem Arbeitsgerät und die Chirurgen ebensowenig, da differieren eben die Gepflogenheiten. Ich glaube, ich könnte mich auch nicht dazu verstehen, mit einem Spaten[1] zu präsentieren. Dann würde ich schon lieber die Hände in die Hosentaschen stecken und mit dem Kopf nicken. Übrigens, womit sollte man sonst nicken?

Also, zwei Präsentiergeschichten. Der Held der ersten ist wahr-

[1] *Spaten*: In the years immediately before 1939 German youths had to serve six months' *Arbeitsdienst* before being called up for two years' military service. In this service the spade was carried as if it were a rifle.

scheinlich gescheit gewesen, der der zweiten bestimmt ein Dummkopf, übrigens ein guter Junge, ich habe ihn gekannt, sein Vater war
ein Vetter meiner Mutter.

Ich habe einmal Memoiren von einem hohen preußischen Beamten
gelesen, weiß der Kuckuck, wie er hieß. Also der war als Student
in das Lützowsche Freikorps[1] eingetreten, er war Offizier geworden,
und nach den Kriegen gegen Napoleon[2] war er noch eine Zeitlang
beim Militär geblieben. Er machte auch Verse, — ob gute oder
schlechte, ist einerlei. (Damals wurden sehr viele Verse gemacht.) Er
hatte eine große Verehrung für die Dichtkunst, am meisten für
Goethe.[3]

Dieser junge Mann war in Erfurt in Garnison, Erfurt war ja eine
preußische Festung. Erfurt ist nicht allzu weit von Weimar. Er
hatte den stillen Wunsch, Goethe einmal zu begegnen. Er dachte
oft darüber nach, wie er sich wohl in Weimar bei ihm einführen
lassen könnte. Er wollte ihm seine Gedichte vorlegen, und dann
würde es Goethe ja sicherlich nur ein Wort und einen Wink kosten,
und sie würden gedruckt werden — in einer Zeitschrift oder in einem
Almanach oder Taschenbuch[4] oder auch als ein Bändchen für sich,
in Oktav und mit Goldschnitt. (Ich finde ja eigentlich Rotschnitt
oder Grünschitt[5] hübscher, besonders bei altmodischen Büchern
mit Tabakflecken und bräunlich marmoriertem Einband.) Solche
Träumereien beschäftigten ihn oft, aber er hatte niemals einen Ver-
such unternommen, sie zu verwirklichen, denn er mochte auch nicht
gegen die Bescheidenheit und gegen die Ehrfurcht verstoßen.

Eines Tages hatte er die Wache an einem der Stadttore. Es war

[1] *das Lützowsche Freikorps*: Adolf, Freiherr von Lützow (1782-1834), a Prussian
officer, formed an army corps from non-Prussian volunteers in the fighting
against Napoleon in 1813.
[2] *nach den Kriegen gegen Napoleon*: The time of this tale will be therefore shortly
after 1815.
[3] *Goethe*: Goethe became *Geheimer Rat* in Weimar in 1779, and in 1782 he became
president of the *Finanzkammer* and was at the same time made a nobleman.
[4] *Almanach, Taschenbuch*: titles frequently given to periodicals which, with their
literary contributions, were at their most popular between 1815 and 1830.
[5] *Rotschnitt, Grünschnitt*: "red edging, green edging", by analogy with *Goldschnitt*.

kein Krieg mehr, und so waren die weitläufigen Kontrollmaßnahmen
aufgehoben. Die Pässe der Einreisenden wurden nicht mehr von der
Torwache geprüft, sondern hernach von den Gasthöfen zum Visieren
auf die Polizeibehörden geschickt. Immerhin waren noch einige Vorschriften in Geltung. Die Namen der Einpassierenden mußten erfragt
und ins Torbuch geschrieben werden. Ebendaselbst war zu vermerken, vor wem die Wache herausgerufen worden war. Auf diese
höchste Ehrenerweisung hatten nur regierende Fürstlichkeiten,
Generäle in Uniform und Ritter des Schwarzen Adlerordens[1] ihren
Anspruch.

Es war ein feuchter, milder Herbstnachmittag, und es ging schon
auf die Dämmerung. Ab und zu wurden Blätter aus den Gärten auf
die Straße geweht. Der Leutnant hatte Besuch von ein paar dienst-
freien Kameraden gehabt, und sie hatten in der Offiziersecke der
Wachtstube miteinander Karten gespielt. Dann waren sie gegangen,
und nun stand er neben der Toreinfahrt auf der Straße und hing
seinen träumerischen Gedanken nach. Da fuhren die Postkutschen
aus und ein, Kaleschen, Chaisen, Lastwagen, und der junge Mann
dachte daran, wie mit jedem Fuhrwerk und jedem Reisenden ein
Schicksal an ihm vorüberrollte, ihn streifte und schon wieder verschwunden war. Manchmal fesselte ihn für Augenblicke ein sich
vorbeugender Kopf, sei es der eines alten Menschen, der voller
Erlebnisse, Erfahrungen und Erinnerungen sein mochte, sei es der
eines halben Kindes, dem Vieles und Nichtausmalbares bevorstand.
Alle diese Schicksale schienen ihm untereinander und auch mit dem
seinen auf eine geheimnisvolle Art verbunden. Er dachte daran, daß
er vielleicht einmal ein Dichter sein würde, dessen Namen die Leute
kannten, und jenes Mädchen im Wagen würde am Ende einen
Gedichtband mit Goldschnitt in der Hand halten, und ihre schönen,
nußbraunen Augen würden feucht aufglitzern. Daß diese Augen
schön waren und nußfarben, das hatte er sich natürlich ausgedacht,
denn so nahe mochte er nicht an die Fahrzeuge herantreten, er hatte
ja auch nicht nach den Namen der Einreisenden zu fragen; dafür

[1] *Ritter des Schwarzen Adlerordens*: The Order of the Black Eagle was established
in the Prussian army in 1701.

war der Unteroffizier da, der nachher mit seiner ausdruckslosen Kanzleihandschrift diese Namen in das Torbuch eintrug.

Eben hielt ein zweispänniger Reisewagen, und der Unteroffizier trat an den Schlag. Aus dem Fenster beugte sich ein Kopf mit einer breitschirmigen Ledermütze, und eine ermüdete Stimme rief gleichgültig: "Minister von Goethe aus Weimar". Augenblicks stand der Jüngling in roten Feuern.

"Wache heraus!" schrie er, obwohl er den Befehl zum Herausrufen der Wache eigentlich dem Posten vor Gewehr hätte erteilen müssen. Die Musketiere kamen aus dem Wachtlokal gestürzt, und im Handumdrehen standen sie angetreten. Der Leutnant kommandierte: "Gewehr auf! — Achtung! Präsentiert das Gewehr!" und salutierte mit dem entblößten Degen, die strahlenden Augen starr auf den alten Mann gerichtet.

Dieser, im ersten Augenblick stutzig, hatte die Reisemütze abgenommen und die schöne, großartige Stirn enthüllt. Dem Jüngling schien das weiße Haar wie ein mächtiger Flammenbusch um dies Haupt zu lodern. Er hatte oft von Goethes majestätischem Blick, von dem olympischen Leuchten seiner Züge sprechen hören, jetzt dünkte der Blick ihn zuerst befremdet, danach ein wenig verlegen, ja, ratlos, dann gerührt. Es erschien eine Miene schmerzlichen Wohlwollens. Goethe, sonst bedacht, einen jeden mit der ihm zukommenden Titulatur anzureden, sagte väterlich: "Nun, nun . . . liebes Kind, ich danke Ihnen."

Die Zeremonie war beendet, Goethe bedeckte sich. Der ernste Ausdruck, der seine höheren Jahre beherrschte, kehrte wieder. Dann, ehe der Wagen sich in Bewegung setzte, fügte die alte Stimme in halber Lautstärke, aber der Leutnant verstand die Worte, schwermütig hinzu: "Gute Jugend, es ist wohl noch Vieles zu erfahren und zu erleiden."

Der Leutnant starrte dem Wagen nach. Er vergaß, den Befehl zum Wegtreten zu geben, und mußte erst durch den Unteroffizier daran erinnert werden. Er ging in die dunkle Torwölbung, um niemanden sehen zu lassen, daß ihm Tränen aufsteigen wollten. So erschüttert war er, daß er gar nicht darauf verfiel, an sich selber und

an seine Zukunftshoffnungen und Dichterträume zu denken oder
daran, daß er es versäumt hatte, sich ein paar Zeilen von der ver-
ehrten Hand zu erbitten; und er hat auch später nie wieder erwogen,
sich etwa mit einem Briefe oder gar mit seinen Dichtungen an Goethe
zu wenden. Zu nichts war er fähig als zu dem Einen: nicht im leidenden Menschen den Genius, sondern im Genius den leidenden Menschen zu verehren. Immer noch meinte er diese Augen zu sehen, immer
noch in diesen Zügen die Spuren schmerzlich gebändigter Leiden-
schaften wahrzunehmen. Zum ersten Male in seinem raschen Leben
erkannte er etwas von jener geheimen Schwermut, die über die Welt
ausgegossen scheint, oft zugedeckt von allerlei Blütengewölk und
Rosennebel und doch jederzeit willig, aus der Verschleierung vor-
zutreten. Es überkam ihn eine Ahnung, daß die Welt nicht vom
jugendlichen Täter, sondern vom leidvoll gereiften Entsager bestan-
den wird, und es fiel ihm der Vergilische Vers[1] von den lacrymae
rerum, den Tränen der Dinge ein, den er in der Schule kennen,
nicht aber verstehen gelernt hatte.

Am nächsten Vormittag erschien auf seinem Rundgang der Rondeoffizier bei der Torwache. Offizier von der Ronde war an jenem Tage
ein Kapitän, der mit dem Leutnant im selben Regiment stand, ein
rechter Kommißknopf und geschlagen mit jener Krankheit, die man
in Preußen Infanterieknall nannte; die ohne Einsicht in den eigenen
Zustand an ihr Leidenden pflegten statt dieses Wortes von streng
militärischer Haltung und musterhafter Dienstauffassung zu sprechen. Der Leutnant hatte sich von jeher gehütet, diesen Mann etwas
von seiner Neigung zur Dichtkunst merken zu lassen, fest überzeugt, er würde von da an keine gute Stunde beim Regiment mehr
haben.

Der Leutnant machte jetzt die vorgeschriebene Meldung. Der
Kapitän spähte und schnüffelte und war zufrieden, einige winzige
Unregelmäßigkeiten entdecken und rügen zu können. Darauf ließ
er sich das Torbuch vorlegen.

Wer vom Zivilstande eingereist war, kümmerte ihn wenig. Wichtig

---

[1] *der Vergilische Vers*: cf. Virgil, *Aeneid*, Book 1, v. 462.

ßber war es ihm, zu erfahren, wie oft und vor wem die Wache ins Gewehr getreten war.

Er las befriedigt: "Seine Exzellenz, der Herr General der Artillerie von Schweineschmalz ... Seine Exzellenz der Herr Generalleutnant von Kesselfleisch ... Der Herr Königlich Bayerische Generalmajor Ritter von Voressen."[1]

Dann runzelte er die Stirn und deutete mit dem Zeigefinger auf den Eintrag: "Seine Exzellenz der Herr Herzogl. Sächsische Minister von Goethe".

"Was soll das? Sie haben vor dem die Wache herausrufen lassen? Ist der Mann ein regierender Fürst? Was? Ein General? Was? Hat er den Schwarzen Adler? Was?"

"Nein, Herr Kapitän."

"Ich verbitte mir Ihre Erklärungen. Ich weiß genau, daß die jungen Herren sich mit dem Reglement nicht immer in erforderlichem Maße auskennen. Ich vertrage keine lasche Dienstauffassung. Nächstens werden die jungen Herren die Wache ins Gewehr treten lassen, wenn ihre Mätresse oder ihr Erbonkel angefahren kommt. Herr! Kümmern Sie sich gefälligst um Ihre Vorschriften! Ich werde Sie melden."

Zwei Tage später erhielt der Leutnant Befehl, sich im Paradeanzug bei seinem Regimentskommandeur zu melden.

Der Oberst, ein kleiner, rotgesichtiger Mann, stand, eine Hand aufgestützt, neben seinem Schreibtisch und deutete auf ein Papier.

"Da ist eine Geschichte von der Festungskommandantur gekommen, Sie hätten vor einem Zivilisten die Wache herausrufen lassen. Minister von Goethe aus Weimar? Stimmts? Ich habe Befehl bekommen, Sie dahingehend zu belehren, daß ... Also ich belehre Sie dahingehend, verstehen Sie? Na ja, ist gut. Goethe? Warten Sie mal, ist das nicht der mit dem Wallenstein?[2] Ich habe das Stück mal im Theater gesehen. Hat mir so weit gefallen. Na ja, ist gut. Aber in

---

[1] *Schweineschmalz ... Kesselfleisch ... Voressen*: humorous, "pork dripping", "stew", "hors-d'œuvre" or "first course".

[2] *Wallenstein: Wallensteins Lager*, the first part of Schiller's trilogy, was first performed in Weimar on 12 October 1798; *Die Piccolomini* was first performed on 30 January 1799 and *Wallensteins Tod* on 20 April 1799.

Zukunft bitte ich um präzisere Beachtung des Wachtreglements. Sonst kommt nächstens womöglich der mit dem Werther[1] angefahren, und Sie lassen wieder ins Gewehr treten. Darf ich Sie bitten, heute Abend im Kasino mein Gast zu sein? Na ja, ist gut. Danke.″

Das war also die eine Präsentiergeschichte, und jetzt kommt die zweite. Mein Vetter hatte 1914, nach Beginn des Krieges, Rekruten auszubilden. Die Kasernen waren überfüllt, so war er mit seinem Zug auf einem Gutshof untergebracht, vielleicht zwanzig Werst von der Stadt. Der Kompagnieführer lag weit ab, mein Vetter konnte machen, was er wollte, namentlich in der ersten Zeit, als die Leute noch nicht so weit waren, daß die Züge zum Kompagnieexerzieren zusammengefaßt werden konnten.

Die Gutsherrschaft bestand aus einem älteren, kinderlosen Ehepaar, das eine verwaiste Nichte als Kind aufgenommen hatte. Sie gehörten zu den Leuten, die für das Ausland schwärmten — das hat es ja in Rußland immer gegeben. Die Nichte wurde mit dreizehn oder vierzehn Jahren in ein Pensionat am Genfer See geschickt, und in den Ferien reisten sie mit ihr im Auslande herum. So wußte sie von Rußland eigentlich sehr wenig, und man konnte ihr da aufbinden, was man wollte. Sie werden schon sehen, warum ich das erwähne.

Als der Krieg ausbrach, war sie siebzehn Jahre alt. Den Pflegeeltern war der Gedanke an die ungewisse Zukunft und die große Entfernung nicht behaglich. Sie telegraphierten ihr, sie möge heimkehren. Also reiste sie über Schweden nach Rußland, und nun wurde sie mit einem bestimmten Zuge auf der kleinen benachbarten Eisenbahnstation erwartet.

Mein Vetter hatte viel von ihr reden hören und hatte auch Bilder von ihr zu sehen bekommen. Sie war ein hübsches und frisches Mädchen, sicherlich nicht allzu gescheit, aber damit findet man sich ja am leichtesten ab. Und was heißt schon gescheit? Mit siebzehn Jahren ist keiner von uns gescheit gewesen.

Mein Vetter hatte ein paar Pferde zur Verfügung, weil ja die

---

[1] *Werther*: Goethe's novel *Die Leiden des jungen Werthers* (1774) remained throughout his life-time the work by which he was most widely known.

Verbindung mit der Kompagnie gehalten und die Lebensmittel von ihr geholt werden mußten. Er bot sich also gleich an, er wolle die junge Dame von der Station abholen.

Die Gutsherrschaft hatte an Leuten und Pferden viel hergeben müssen, und alle Augenblicke kamen neue Anforderungen und Verfügungen. Der Onkel beriet sich mit seinem Verwalter über eilige Fouragelieferungen, die Tante mußte zur Stadt, um mit einem patriotischen Damenkomité über die Einrichtung eines freiwilligen Lazaretts zu verhandeln. So war der Vorschlag willkommen. Mein Vetter ließ einen leichten Jagdwagen anspannen und fuhr mit seinem Burschen zur Station.

Der Zug kam und hielt, das Mädchen stieg aus. Es stand ein wenig verlegen da und sah sich nach dem Onkel oder der Tante um. Aber da war schon der Leutnant bei der Hand in seiner hübschen weißen Sommeruniform, stellte sich vor und begrüßte die Heimgekehrte. Was er sagte, war bestimmt nicht originell, aber höflich, freundlich, warmherzig und, um es gleich zu sagen, ein paar Minuten später auch schon von achtungsvoller Verliebtheit. Der Bursche schleppte das Gepäck zum Wagen, und das Mädchen war von lauter Fürsorge umgeben.

Es war ein schöner, warmer Abend, noch sommerlich, sie fuhren durch den Wald, und die untergehende Sonne blitzte auf den Birken- und Kiefernstämmen. Als sie den Gutshof erreichten, war es schon dunkel. Mein Vetter war sehr aufgeregt. Er wollte die Neigung des Mädchens gewinnen, und zugleich wollte er ihm Achtung vor Rußland und vor der russischen Armee beibringen, denn das hatte er im Gespräch unterwegs gemerkt, daß sie ein wenig von der Ausländerkrankheit befallen war; und von dieser Achtung mußte ja ein Teil auch ihm selber zugute kommen. Da hatte er einen Einfall, der eigentlich gescheiter war, als es ihm zukam. Daneben war es ein sehr charmanter Einfall, Sie werden gleich sehen.

Überhaupt muß man sagen, daß mein Vetter Wladimir Alexandrowitsch schon seine Vorzüge hatte: ein hübsches, frisches Gesicht mit einem niedlichen schwarzen Schnurrbärtchen, angenehme Umgangsformen und auch eine gefällige Unterhaltungsgabe, die gerade für junge Mädchen, alte Damen vom Lande, mittlere Gutsbesitzer und Obersten im Ruhestande ausreichte. Außerdem sang er Romanzen und konnte auf Lindenblättern pfeifen. Obwohl er in einem Linienregiment diente, hatte er die gezierte Aussprache angenommen, die eine Zeitlang bei der Garde üblich war. Er sagte nicht "wosmoshno" (möglich), sondern "wösmöshnö"[1], und gelegentlich, wenn er gerade daran dachte, gab er sich auch Mühe, ein klein wenig mit der Zunge anzustoßen. In unserem Regiment hatten wir ebenfalls einen Jüngling mit solchen Neigungen; dem haben wir das aber unbarmherzig ausgetrieben.

Am nächsten Morgen war das Mädchen, es hieß Wera Andrejewna, sehr zeitig aufgestanden und wollte sich mit der neuen Umgebung bekanntmachen. Sie wissen ja, wie neugierig diese halben Kinder sind, genau wie die Foxterrier.

Sie trat aus dem Portal des Herrenhauses. Hier stand ein Posten, den sie am Vorabend in der Dunkelheit nicht bemerkt hatte. Als sie an ihm vorbeikam, änderte sich plötzlich seine Haltung zur äußersten Straffheit. Zwei, drei ruckhafte Bewegungen, das durch das aufgepflanzte Bajonett verlängerte Gewehr steht, angehoben, senkrecht vor dem Körper des jungen Burschen: er präsentiert.

Wera Andrejewna fand den Vorgang malerisch und flott. Sie nahm an, es werde wohl irgendwo in der Ferne ein Vorgesetzter des Soldaten vorübergekommen sein. Sie sah sich um, erblickte aber niemanden und ging weiter. Sie strich durch den Park und kam zuletzt auf den Wirtschaftshof, dessen Einfahrt von zwei Mauerpfosten flankiert war, jeder von ihnen trug oben eine große Steinkugel. Auch hier stand ein Posten. Auch dieser präsentierte.

Jetzt fing sie an, sich zu wundern. Sie konnte doch nicht annehmen, daß diese Ehrenbezeugung ihr gegolten habe. Aber nun wollte sie der Sache auf den Grund kommen.

Sie lief ins Haus durch den Hintereingang, kam durch den langen Korridor und das hallenähnliche Vorzimmer und trat dann wieder durch das Portal ins Freie. Inzwischen war der Posten abgelöst

[1] "wösmöshnö": indicating an affected manner of speech.

worden; anstelle des schlanken Burschen stand da ein stämmiger, hellhaariger Mann, der über die allererste Jugend hinaus schien. Er präsentierte mit sicheren, wenn auch etwas bedächtigeren Bewegungen. Über sein breites Gesicht lief ein blitzendes Lächeln. Er hatte die strahlend weißen Zähne der Bauern, die keine Zahnbürsten und Tuben kennen, aber dafür das gute schwarze Roggenbrot.

Jetzt hatte sie keinen Zweifel mehr, sie war gemeint, unerklärlicherweise sie. Sie errötete, nickte dem Soldaten mit verwirrter Freundlichkeit zu und kehrte geschwind ins Haus zurück.

Erst beim Mittagessen sah sie meinen Vetter wieder. Die Unterhaltung war munter und ungezwungen. Nachher standen sie plaudernd auf der Veranda.

"Sagen Sie bitte, Wladimir Alexandrowitsch", fing sie an, "was bedeutet das? Drei von Ihren Soldaten haben vor mir das Gewehr präsentiert."

"Nur drei?" antwortete er. "Dann sind Sie wahrscheinlich nur an dreien vorbeigekommen."

"Wieso? Was heißt das? Das muß doch ein Versehen sein. Das sind wohl Ihre Rekruten, die noch nicht genau wissen, vor wem sie zu präsentieren haben?"

"Nein, nein, verlassen Sie sich darauf, Wera Andrejewna, da ist alles in Ordnung. Jeder Posten hat doch seine Instruktion. Es ist genauestens vorgeschrieben, vor wem das Gewehr präsentiert werden muß: erstens vor den Majestäten, zweitens vor allen Angehörigen des Kaiserhauses, drittens —"

Sie unterbrach seine Aufzählung: "Aber ich bin doch weder . . ."

"Vergessen Sie nicht, Wera Andrejewna, es gibt einen Zusatzbefehl: siebentens vor allen schönen Mädchen!"

Wera Andrejewna wurde rot. "Ach, sprechen Sie doch keine Dummheiten, Wladimir Alexandrowitsch!"

Sie rannte davon. Wieder kam sie am Posten vor dem Portal vorüber. Er präsentierte lachend.

Sie ging auf ihn zu.

"Was soll das heißen?" fragte sie. "Warum machst du das?"

"Befehl an die ganze rechtgläubige Armee, gnädiges Fräulein!"

sagte er lustig. "Vor allen schönen Mädchen muß das Gewehr präsentiert werden."

Als sie das nächste Mal meinem Vetter begegnete, sagte er ernsthaft: "Ich hoffe, Wera Andrejewna, Sie haben sich über nichts zu beklagen. Sind Ihnen auch überall die Ehren erwiesen worden, auf die Sie Anspruch haben?"

"Hören Sie doch auf, sich über mich lustig zu machen, Wladimir Alexandrowitsch! Ich verbitte mir das!"

"Aber um Gotteswillen, Wera Andrejewna", bat er. "Das ist doch keine Kränkung! Und dann dürfen Sie doch mich nicht verantwortlich machen. Ich bin ein kleiner Subalternoffizier. Was kann ich dabei tun? Der Befehl gilt für die ganze Armee."

"Wirklich? Ist das wahr?"

"Sie können sich bei jedem Posten erkundigen. Oder fragen Sie den Feldwebel. Oder Ihren Onkel. Jeder wird es Ihnen bestätigen."

"Ist das denn überall so?" fragte sie zweifelnd. "Auch in allen anderen Armeen?"

"Nein", antwortete mein Vetter. "So etwas gibt es nur bei uns."

"Aber sagen Sie, was ein . . . was ein . . . also was ein präsentierenswertes Mädchen ist, entscheidet das nun der Posten? Aber der Geschmack ist doch verschieden! Und irgend so ein Bauernbursche, der irgendwo in der tiefsten Provinz groß geworden ist, irgendwo beim Teufel auf der Rinne — der hat doch sicher einen ganz anderen Geschmack als . . ."

"Als ich? Nein, bei uns lernen das schon die Rekruten. Wir sind ein fortgeschrittenes Land."

Wera Andrejewna fing allmählich an zu glauben. Endlich glaubte sie fest. Bei Gott, das tat sie! Die Pflegeeltern hatte mein Vetter angefleht, ihm nicht den Spaß zu verderben. Den Soldaten machte es Vergnügen, und mein Vetter war mit Trinkgeldern nicht sparsam. Das Gut lag ein wenig abseits, Fremde kamen selten hin, der Onkel und die Tante lebten zurückgezogen, da war die Gefahr, der Spaß könne sich entlarven, nicht sehr groß.

Dennoch hätte sich der Zustand natürlich nicht lange aufrecht erhalten lassen. Aber nachdem die beiden sich verlobt hatten, klärte mein Vetter ihr den Zusammenhang auf.

Sie heirateten und haben einträchtig miteinander gelebt. Sie paßten gut zusammen: keiner war gescheiter als der andere, und gutmütig waren sie alle beide. Den Präsentierbefehl vergaß sie ihm nie. Noch nach vielen Jahren und vielen Schicksalen wurde jedem neuen Bekannten erzählt, wie sie sich kennen gelernt und verlobt hatten. Daran mußte jeder Zuhörer merken, wie hübsch Wera Andrejewna in ihrer Jugend gewesen war. Die Geschichte war doch ehrenvoll für beide: für ihn, daß er diesen bemerkenswerten Einfall gehabt hatte, für sie, daß sie hübsch genug gewesen war, um einen solchen Einfall hervorzurufen.

Später hatten sie eine Schnellwäscherei in Belgrad, und daneben gab sie französischen Konversationsunterricht. Ich habe sie dort einmal besucht. Er war recht unverändert, nur das Lispeln und die Wösmöshnö-Sprache hatte seine Frau ihm abgewöhnt. Sie war nicht mehr ganz so hübsch wie früher, und infolgedessen merkte man es deutlicher, daß sie nicht viel Verstand hatte. Aber sehr viel Verstand hatte ja, wie gesagt, mein Vetter ebenfalls nicht, und für Schnellwäschereien ist das wohl auch nicht erforderlich. Es ging ihnen gut, und es war ein behaglicher Abend. Die ganze Wäsche haben sie mir auch noch gewaschen. Sehr viel hatte ich damals freilich nicht.

Was heute aus ihnen geworden ist, weiß ich nicht. Aber wenn sie noch am Leben sind, wird es auch jetzt nicht viel anders bei ihnen zugehen als damals in Belgrad.

Das sind also meine beiden Präsentiergeschichten. Mir kommt vor, als hingen sie zusammen. Denn in beiden wird doch mit einer militärischen Ehrenerweisung etwas Höheres gegrüßt als das Reglement vorsieht: die Jugend und die Schönheit, der Genius, die Schwermut und die Entsagung, das Vergängliche und das Unvergängliche.

VOCABULARY

abbilden, *portray, depict*

abblasen, *blow off*

abdichten, *mend*

Abendmahlbank (f), *communion seat, pew*

Abenteuer (n), *adventure*

abermals, *again, once more*

Abfahrt (f), *departure*

Abfallhaufen (m), *rubbish heap*

abfinden (refl.), *put up with*

abgelegen, *remote, out-of-the-way*

abgeschabt, *shabby*

abgewöhnen, *break someone of a habit*

Abgrund (m), *abyss, chasm*

abhanden kommen, *get lost*

abheben (refl.), *stand out (in contrast)*

abholen, *fetch, go to meet*

ablauern, *watch for*

ablecken, *lick off*

ablegen, *take off*

abliegen, *be away, be at a distance*

ablösen, *relieve*

abnehmen, *take off, take from*

abreißen, *tear off*

abrollen, *roll down*

abschalten, *switch off*

Abscheu (m), *horror, disgust*

abschieben, *put off, postpone*

abschneiden, *cut off*

abseits, *apart, aside;* sich abseits halten, *keep aloof*

absetzen, *put down; pick out*

abspielen (refl.), *take place, be enacted*

abspringen, *jump off*

abstehen, *become stale*

abstellen, *switch off, turn off*

abstürzen, *fall headlong*

abteilen, *divide, partition off*

abwarten, *wait for*

abwechselnd, *alternate(ly), in turns*

Abwechslung (f), *change*

abweichen, *turn away*

abweisen, *refuse, decline*

abwinken, *beckon away, signal to desist*

abwippen, *swing off*

abwirtschaften, *finish, do for*

abwischen, *wipe*

Achsel (f), *shoulder*

achtgeben, *pay attention*

achtungsvoll, *respectful*

Ader (f), *vein*

Adler (m), *eagle*

Adlerorden (m), *order of the eagle*

ähneln, *resemble*

Ahnung (f), *presentiment; idea*

Aktenschlepper (m), *stooge in the office; someone who drags documents about*

Alarm (m), *(air-raid) warning*

alleinstehend, *solitary, living alone*

Almanach (m), *almanac (used as title of a periodical)*

Alster-/bach (m), *Alster stream.* -teich (m), *Alster lake, pool*

Altenteil (n), *quarters set aside for the parents on retirement from active management of their estate or farm*

altmodisch, *old-fashioned*

anbieten, *offer*

anblicken, *look at, stare at*

anbringen, *insert, put in, affix*

andeuten, *intimate, indicate*

Andeutung (f), *hint, intimation*

aneinanderreiben, *rub against each other*

anfahren, *drive up; speak harshly to*

anfertigen, *produce, make, manufacture*

anflehen, *implore*

Anforderung (f), *demand*

Anfrage (f), *inquiry*

angehen, *be concerned*

Angehöriger (m), *member of a family*

angelangen, *arrive*

78

ngelehnt, *ajar*

ngesichts, *in face of*

Angestellte(r) (m), *employee, minor official*

nhaben, *have on, wear*

nhalten, *stop; hold one's breath*

nhäufen, *heap up*

nheben, *raise*

nkleben, *stick on*

nknipsen, *switch on*

nkündigen, *announce*

nlächeln, *smile at*

nlegen, *moor*

Anraten (n), *advice*

nreden, *address*

nscheinend, *apparent*

nschicken (refl.), *prepare oneself*

nschieben, *push up*

nschlagen, *strike, knock*

nschwellen, *swell*

nsetzen, *get ready for*

nspannen, *put the horses to a carriage*

nstarren, *stare at*

nstecken, *light*

nstelle, *instead of*

nstoßen; mit der Zunge anstoßen, *lisp*

nstreichen, *paint*

ntreten, *take up; start on; fall in line, form in ranks*

nzeigen, *advertise, announce*

Anzug (m), *suit*

nzünden, *light*

pfelblühend, *rich with apple-blossom*

Apparat (m), *apparatus; telephone*

Apsis (f), *apse*

Arbeitsgerät (n), *tools*

rg, *hard, wicked*

Ärger (m), *irritation, anger*

rgerlich, *cross, annoyed*

Argwohn (m), *suspicion*

Ärmel (m), *sleeve*

Armenküche (f), *paupers' kitchen*

armmütig, *poor-spirited*

Armschwenken (n), *waving of the arm*

Ast (m), *branch*

Astwerk (n), *branches*

Atem (m), *breath*

atemberaubend, *breath-taking*

atmen, *breathe; smell*

aufatmen, *breathe freely*

aufbewahren, *keep, store*

aufbinden, *put upon, hoax*

aufblicken, *look up*

aufbrennen, *blaze up, light up*

Aufbruch (m), *parting, setting off*

aufessen, *eat up*

auffinden, *find*

Aufführung (f), *conduct, behaviour*

Aufgang (m), *staircase*

aufgehen, *rise; open*

aufgekratzt, *jolly, spry*

aufgießen, *pour into*

aufgleiten, *slip over, slide over*

aufglitzern, *sparkle*

aufhängen, *hang up*

aufheben, *lift up; stop, end*

aufhetzen, *instigate, incite*

aufklären, *clarify*

aufklinken, *unlatch*

aufknüpfen, *untie*

aufkommen, *get up, arise*

auflegen, *put on, pile on*

auflösen (refl.), *dissolve*

Auflösung (f), *dissolution, disintegration*

aufmachen, *open*

aufpassen, *keep watch on, watch*

aufpflanzen, *fix*

aufrechterhalten, *maintain*

aufrechthalten, *maintain, hold in an upright position*

aufregen, *excite, agitate*

aufreißen, *tear open, fling open*

aufsaugen, *suck up*

aufschlagen, *raise*

aufschneiden, *cut*

Aufschrift (f), *inscription, notice*
aufsetzen, *put on*
aufsperren, *open wide*
aufspießen, *impale, run through*
aufspringen, *spring open*
aufstehen, *get up*
aufsteigen, *rise*
aufstützen, *prop up, lean*
aufsuchen, *seek out; call on, look up*
auftauchen, *arise, appear*
Auftritt (m), *act, appearance*
auftürmen, *pile up*
aufwachen, *wake up*
Aufzählung (f), *enumeration, counting*
aufzehren, *consume, eat up*
äugen, *eye*
Augenschein (m), *appearance*; in Augen-
    schein nehmen, *inspect*
Augenzwinkern (n), *wink*
ausbilden, *train*
ausdörren, *dry up, parch*
ausdruckslos, *expressionless*
auseinandertreiben, *disperse, drive apart*
ausfahren, *drive out; put to sea*
ausfindig; ausfindig machen, *trace,*
    discover
ausfließen, *disperse*
Ausflügler (m), *holiday-maker, tripper*
Ausflugs-/lokal (n), *restaurant in the*
    country, excursion hotel. -ort (m),
    excursion centre
ausgeben, *spend*
ausgeglichen, *equable*
ausgesprochen, *decided(ly), obvious(ly)*
ausgezeichnet, *excellent*
ausgießen, *pour out*
ausgleiten, *slip*
ausglühen, *get thoroughly hot*
aushalten, *put up with, endure*
Aushängekasten (m), *display-case*
auskennen (refl.), *be familiar with*
auskommen, *manage, suffice; get on with*
auskosten, *make the most of, enjoy thoroughly*

Ausländerkrankheit (f), *mania for foreign*
    things
auslaufen, *run out*
auslegen, *explain, interpret*
ausliefern, *hand over, deliver*
auspendeln, *swing out, finish swinging*
ausrufen, *call out, exclaim*
Ausrufezeichen (n), *exclamation mark*
ausschicken, *send out*
ausschöpfen, *empty, drain off*
ausschweben, *float out, glide out*
aussehen, *look*
äußerst, *very, extremely*
aussetzen, *find fault with;* (refl.), *expose*
    oneself
ausspeien, *spit out*
Aussprache (f), *pronunciation; accent*
aussteigen, *get out*
Aussteuerbesteck (n), *cutlery given as a*
    wedding present, as part of the wedding
    portion
ausstrecken, *stretch out*
ausströmen, *pour out, emit*
aussuchen, *choose, pick out*
austreiben, *drive out of, expel, take out of*
austrocknen, *dry, dry out*
ausweisen (refl.), *prove one's identity*
Auto-/fahrt (f), *car ride.* -gehupe (n),
    sounding of motor horns. -gummi (n),
    motor-tyre rubber. -straße (f), *motor*
    road

Bach (m), *stream*
Bachtal (n), *small valley*
Backe (f), *cheek*
backen, *bake; congeal, cake together (of*
    snow)
backfischblühend, *blossoming with young*
    girls
baden, *bathe*
Badezimmer (n), *bathroom*
badisch, *from Baden, in Baden*
Bahn (f), *railway*

Bahn-/damm (m), *railway embankment.*
-hof (m), *station*
Balken (m), *beam*
Balkon (m), *balcony*
Bändchen (n), *little volume*
bändigen, *control, tame*
bang(e), *anxious, timid*
Bangen (n), *anxiety, apprehension*
Bauern-/bursch (m), *peasant fellow.*
-frau (f), *peasant woman.* -friedhof (m),
peasants' cemetery
bayerisch, *Bavarian*
beachten, *notice, pay attention to*
Beachtung (f), *consideration, attention*
beben, *tremble, shake*
bedacht, *mindful*
bedächtig, *deliberate, slow*
bedecken, *cover;* (refl.), *put one's hat or
cap on*
bedrängen, *harass*
Beereneinkochen (n), *jam-making, the
preserving of berry-fruits*
befallen, *attack, seize*
befinden (refl.), *be (in a certain state)*
befördern, *transport, take; promote*
befremden, *surprise, astonish*
Begräbnis (n), *burial, funeral*
Begriff (m), *conception, notion;* im Begriff,
on the point of
begütigend, *soothing*
behaglich, *comfortable, cosy*
Behang (m), *hanging*
beherbergen, *harbour, lodge*
Beherrschung (f), *government*
behexen, *bewitch*
behutsam, *cautious, wary*
beibringen, *impart, instil, teach*
Beifall (m), *applause*
beiläufig, *casual, incidental*
Bein (n), *leg*
beirren, *confuse, mislead*
beiseite, *aside*
beißen, *bite*

beistehen, *assist, support*
Bekannte(r) (m), *acquaintance*
bekanntmachen, *become acquainted*
bekleiden, *dress*
Belag (m), *covering, filling, top (of a cake)*
belebt, *lively*
belehren, *instruct*
beleuchten, *light*
bellen, *bark*
belohnen, *reward*
benähen, *sew up*
benommen, *stupefied, benumbed*
Benzin (n), *petrol*
beraten (refl.), *consult*
bereden, *discuss*
bereuen, *regret*
bergen, *hide, conceal*
bergig, *mountainous*
Beschäftigung (f), *occupation, preoccupation, pursuit*
Bescheid (m), *decision; information; reply*
bescheiden, *modest*
Bescheidenheit (f), *modesty*
beschirmen, *protect; honour*
beschützen, *protect*
beschwören, *ban, conjure*
besessen, *possessed, frantic*
besinnen (refl.), *reflect, consider; recall;
change one's mind*
bespannen, *span*
bestecken, *deck out*
bestehen, *overcome; stand (a test);
consist (of)*
besticken, *embroider*
bestrahlen, *shine upon, reach*
Besucher (m), *visitor*
beten, *pray*
Beton (m), *concrete*
Betonbahn (f), *concrete road*
betören, *befool, delude*
betreuen, *take care of*
betrunken, *drunk*
beugen, *bend;* (refl.), *lean*

81

beulenartig, *like a bump, like a swelling*
bevorstehen, *be imminent*
bewachsen, *grow over*
bewundern, *admire*
Bewurf (m), *rough-cast*
bezaubern, *enchant*
Bezirkschef (m), *divisional head*
biegen, *bend; turn*
Biegung (f), *bend*
Bindfaden (m), *string, twine, thread*
Birke (f), *birch*
bislang, *up to now*
bißchen, *a little*
blähen, *blow out, distend*
blank, *glittering, shiny*
blasen, *blow*
blaß, *pale*
Blättchen (n), *small leaf; piece of (cigarette) paper*
bläulich, *bluish*
Blechtopf (m), *tin-can, tin-pot*
bleich, *pale*
blenden, *dazzle*
blinken, *blink; gleam*
blitzen, *flash*
blitzschnell, *quick as lightning*
blumenüberladen, *laden with flowers*
Blütengewölk (n), *cloud of flowers*
Blutgier (f), *bloodthirstiness*
Bock (m), *coachman's seat*
Boden (m), *floor, ground; attic*
Bogenlampe (f), *arc-light*
Bombenabwurf (m), *fall of bombs*
Boot (n), *boat*
Bord (m), *edge, border;* über Bord, *overboard*
Bote (m), *messenger*
botokudisch, *botocatu (language of a South American tribe); 'double Dutch'*
Braten (m), *roast meat*
bräunlich, *brownish*
brav, *good, well behaved*
Bregg (f), *carriage*

breitschirmig, *broad-brimmed*
Bretterbude (f), *booth*
Brieftasche (f), *wallet, pocket-book*
bringen, *bring, fetch;* zu etwas bringen, *gain a position in life*
bröckelig, *crumbly*
brodeln, *bubble up, simmer*
Brosam (m), *crumb*
Brot-/messer (n), *breadknife.* -papier (n), *paper for bread*
brüchig, *crumbly, cracked*
brüllen, *bellow, roar*
brummen, *growl*
Buchdrucker (m), *compositor, printer*
Buchenblatt (n), *beech-leaf*
Bucht (f), *bay, inlet*
bücken (refl.), *bend down, bow*
Bug (m), *bow (of a ship)*
Bühne (f), *stage*
Bündel (n), *bundle, sheaf*
Bunkerpfosten (m), *post of an air-raid shelter*
bunt, *bright, colourful*
Bursch(e) (m), *fellow; batman, man*
Busch (m), *bush, shrub*

Chaise (f), *chaise*
charmant, *charming*
Chef (m), *boss*
Chirurg (m), *surgeon*

Dach (n), *roof*
daheim, *at home*
dahinbrausen, *rush by*
dahingehend, *to this effect, to the effect that*
Damm (m), *dam; (railway) embankment*
dämmern, *dawn; grow dusk*
Dämmerung (f), *dawn; dusk*
dämpfen, *muffle, smother*
Dampfer (m), *steamer*
darauffallen, *fall on*
daraufhin, *after that, in consequence of that*

dasitzen, *sit there*

davon-/fauchen, *go hissing away.* -rascheln, *rattle away.* -rennen, *race away,* run away. -stieben, *rush away.* -tragen, *carry away*

Decke (f), *ceiling*

deuten, *point; explain*

Dichtkunst (f), *literature, poetry, writing*

dick, *fat*

Dieb (m), *thief*

Dienstauffassung (f), *conception of duty*

dienstfrei, *off-duty*

Dienstvorschrift (f), *official regulation*

Diesigkeit (f), *(Low German) obscurity, twilight*

Donau (f), *Danube*

donnern, *thunder*

dorisch, *Doric*

dorthin, *there, to that place*

Drache (m), *dragon, serpent*

Draht (m), *wire, telegraph wire*

draußen, *outside*

drehen, *turn; (refl.), spin, gyrate*

dreinschauen, *look, sit looking*

dreiviertel, *three quarters;* dreiviertel Brot, *three quarters of a kilogram of bread*

drin (= darin), *in it, in them*

Drosselmagen (m), *thrush's stomach*

drüben, *over there*

drucken, *print*

drunten, *down below, downstairs*

Dschunke (f), *junk*

Dummheit (f), *foolishness, stupidity*

Dummkopf (m), *blockhead, fool*

dumpf, *dull, hollow*

Dunkel (n), *dark, darkness*

Dunkelheit (f), *dark, darkness*

dünken, *seem*

dünn, *thin.* -geschliffen, *finely ground*

dunsten, *rise as fumes, reek*

durchblicken, *see (one's way) through*

durchdringen, *penetrate*

Durcheinander (n), *confusion*

durcheinander, *mixed up, higgledy-piggledy*

durcheinander-/bringen, *bring into confusion, disturb.* -toben, *disarray, dishevel*

durchlöchern, *perforate, make holes through*

durchmogeln (refl.), *cheat one's way through, trick, get by*

durchschlagen (refl.), *rough it, shift for oneself*

durchschneiden, *cut through*

durchschreiten, *step through, stride through*

dürftig, *scanty*

düster, *sombre, dark*

Dutzend (n), *dozen*

duzen, *address a person as 'du'*

eben-/daselbst, *in the same place.* -falls, *likewise; also.* -sowenig, *just as little*

Ecke (f), *corner*

eckig, *awkward, stiff*

Ehepaar (n), *couple, married couple*

Ehren-/bezeugung (f), *honour, mark of distinction.* -erweisung (f), *honour, mark of distinction*

ehrenvoll, *honourable*

Eidechse (f), *lizard*

Eidechsenauge (n), *lizard's eye*

Eier-/kuchen (m), *omelette.* -speise (f), *dish prepared with eggs, omelette*

eifrig, *zealous, eager*

eigensinnig, *obstinate*

eilig, *hasty, hurried*

Einband (m), *binding*

einbiegen, *turn in, turn*

einbilden (refl.), *imagine, fancy*

Einbildung (f), *delusion, fancy; imagination*

einbüßen, *lose*

einerlei, *all the same, immaterial*

einfahren, *drive in*

Einfahrt (f), *entrance*
Einfall (m), *idea, notion*
einfallen, *occur to*
einfältig, *silly, simple-minded*
einflüstern, *whisper (into someone's ear)*
einfrieren, *freeze up*
eingehen, *go in; auf etwas eingehen,
go into something, take something up;
eingehend, in detail, searching*
einheimisch, *resident, native, local*
einholen, *catch up*
einladen, *invite*
einleuchtend, *evident, plausible*
einpassieren, *enter, travel in*
einreisen, *enter, travel in*
einsam, *lonely, solitary*
Einschlag (m), *explosion, hit*
einschließen, *enclose, surround*
Einschnitt (m), *incision*
einschüchtern, *intimidate*
einsetzen, *set in*
Einsicht (f), *insight*
einsperren, *confine, imprison, shut in*
einsteigen, *get in; go on board*
einstürzen, *collapse, demolish*
einteilen, *divide*
einträchtig, *harmonious*
Eintrag (m), *entry*
eintragen, *enter in, record*
Eintritt (m), *admission, entry*
einüben, *practise*
einwerfen, *interpose*
einwohnen (refl.), *make oneself at home*
einziehen, *draw in, furl*
Eisenbahn-/station (f), *railway-station.
-stunde (f), hour by rail*
Eisenträgergerüst (n), *iron scaffolding*
Eiswagen (m), *refrigerator truck*
ekelhaft, *repulsive*
elend, *wretched*
emporführen, *lead up*
Enkelkind (n), *grandchild*
entblößen, *bare, make naked*

enteilen, *hurry away*
entfernt, *distant*
entgegenschaukeln, *swing towards*
entgegenspringen, *spring towards*
entgegenstürzen, *rush towards*
entgegenziehen, *make towards*
entgegnen, *reply*
entgehen, *escape*
enthüllen, *reveal, uncover*
Entladung (f), *discharge, explosion*
entlangrollen, *roll along*
entlangziehen (refl.), *go along*
entlarven, *disclose, expose*
entnehmen, *take out; gather, understand*
Entsager (m), *one who renounces, one who
is prepared to renounce*
Entsagung (f), *renunciation*
entsetzlich, *terrible*
enttäuschen, *disappoint*
entwarnen, *sound the all-clear*
entzünden, *light*
erbitten, *ask*
erbittern, *embitter*
Erbonkel (m), *rich uncle*
erdbeerüberladen, *strawberry-laden*
Erdgeschoß (n), *ground floor*
ereifern (refl.), *get excited, get heated*
Erfahrung (f), *experience, practical know-
ledge; in Erfahrung bringen, ascertain*
erfreulich, *enjoyable*
erfreut, *happy*
erfrieren, *freeze*
erfrischen, *refresh*
erfüllen, *fulfil; fill up*
ergehen (refl.), *take a stroll, walk*
ergrauen, *turn grey*
erheitern, *amuse*
erkennbar, *recognizable, perceptible*
erklingen, *sound*
erkundigen (refl.), *inquire*
erkünsteln, *affect*
Erlebnis (n), *experience; event in a
person's life*

84

erledigen, *settle, finish*

erlöschen, *extinguish; grow dull, grow lifeless; go out; decline*

ermahnen, *admonish, remind*

ermüden, *tire out, weary*

ermuntern, *cheer up, encourage*

ernähren, *nourish*

Erregung (f), *excitement, agitation*

erröten, *blush*

erschießen, *shoot*

erschüttern, *stir, affect, upset*

erstaunen, *amaze, astonish*

erstechen, *stab*

ersteigen, *climb*

Erstkommunion-/kind (n), *child going to its first communion.* -tag (m), *day of one's first communion*

erstrecken (refl.), *extend*

ertrinken, *drown*

Erwachsene(r) (m or f), *grown-up, adult*

erwägen, *reflect, consider*

erwehren (refl.), *resist, withstand*

erzittern, *tremble*

Essen (n), *meal; food*

Etui (n), *case*

Existenz (f), *existence; type*

Exzellenz (f), *Excellency*

Fabrikschornstein (m), *factory chimney*

fad(e), *stale*

fähig, *capable*

fahlrot, *pale red*

Fahne (f), *flag*

fahren, *travel; drive; sail; was war in sie gefahren? What had come over her?*

Fahrkarte (f), *ticket*

Fahrt (f), *journey*

Fahrzeug (n), *vehicle*

Falte (f), *fold*

Familien-/angehöriger (m), *member of a family.* -geruch (m), *family smell*

färben, *colour*

fassen, *grasp, seize, take hold of; (refl.), pull oneself together;* den Entschluß fassen, *decide*

Fechter (m), *fencer, swordsman*

feierlich, *solemn*

Feierlichkeit (f), *ceremony; solemnity*

Feldwebel (m), *sergeant-major*

Fenster-/leder (n), *window-leather.* -sprosse (f), *cross-bar (of a window)*

Ferien (plur.), *holidays*

Ferne (f), *distance*

fesseln, *tie, fetter; fascinate; attract the attention of*

fest-/pflanzen, *fix, plant firm.* -stehen, *be certain, be established*

Festung (f), *fortress; military headquarters; prison*

Festungskommandatur (f), *fortress-command*

feucht, *damp, moist*

Feuchtigkeit (f), *damp, dampness*

Feuersbrunst (f), *conflagration, large fire*

Feuerung (f), *fire*

Fidibus (m), *spill*

Fieber (n), *(high) temperature; fever*

Finstere(s) (n), *darkness*

fischduftend, *smelling of fish*

Fischdunst (m), *smell of fish*

Fittich (m), *pinion*

fix, *fixed;* fixe Idee, *obsession, idée fixe*

flach, *flat*

Flammenbusch (m), *bush of flames*

flankieren, *flank*

flattern, *flutter, fly;* flatternde Haare, *dishevelled hair*

fleckig, *stained, spotted*

Fleet (n), *(Low German) canal*

flehentlich, *pleading*

Flickschuster (m), *cobbler*

fliegen, *fly; pant, be out of breath*

flimmern, *glitter, glisten, shimmer*

flink, *brisk*

Flitter (m), *tinsel; frippery, finery*

85

Fluch, (m), *curse*
flüchten, *take flight*
Flügeltaube (f), *winged dove*
Flugzeug (n), *aeroplane*
Flur (m), *entrance-hall, passage*
Flußarm (m), *arm of a river*
Flüssigkeit (f), *liquid*
flüstern, *whisper*
forsch, *quick, lively*
fort-/fahren, *continue.* -schreiten, *progress, advance.* -wehen, *drift away*
Fouragelieferung (f), *delivery of fodder*
frech, *insolent, cheeky*
Frechheit (f), *insolence, cheek*
Freie (n), *open air, open country*
Freikorps (n), *volunteer corps*
Freitreppe (f), *flight of steps (leading to a house)*
freiwillig, *voluntary*
fressen, *devour, eat; feed (of cattle)*
Friedhof (m), *cemetery*
friedlich, *peaceful*
frieren, *freeze*
fröscheumquakt, *surrounded by croaking frogs*
frösteln, *shiver*
Fühler (m), *feeler*
Fuhrwerk (n), *vehicle*
Füllung (f), *panelling (of a door)*
furchig, *furrowed*
Fürsorge (f), *solicitude*
Fürstlichkeit (f), *princely personage*

Gabel (f), *fork*
Gage (f), *pay, wages*
Garde (f), *guard, guards*
Gardine (f), *curtain*
Garnison (f), *garrison*
Gartenpforte (f), *garden-gate*
Gäßchen (n), *alley, back street*
Gast-/hof (m), *hotel, inn.* -wirt (m), *innkeeper.* -wirtschaft (f), *hotel, inn*
Gebärende (f), *woman in labour*

Gebell (n), *barking*
Gebirge (n), *mountains, mountain-range*
gebrauchen, *use, have use for*
Gebrumm (n), *droning, noise*
Gedanke (m), *thought;* sich Gedanken machen, *have one's thoughts; be uneasy*
Gedichtband (m), *volume of poetry*
gefällig, *agreeable;* gefälligst, *if you please*
Gefangenschaft (f), *imprisonment, captivity*
gefrieren (= frieren), *freeze*
Gefüge (n), *structure, framework*
Gefühlsgrenze (f), *emotional bounds, emotional orbit*
gegenüberstehen, *face*
Gegenzug (m), *train in the other direction*
geheimnis-/tuerisch, *acting mysteriously.* -voll, *mysterious*
Gehilfe (m), *assistant, employee*
Gehör (n), *hearing, sense of hearing*
gehorsam, *obedient*
Geilheit (f), *lewdness*
geistesgegenwärtig, *full of presence of mind, resourceful*
Geknurre (n), *snarling, growling*
Geländer (n), *railing*
geldlich, *monetary*
Geldschein (m), *(bank) note*
Gelegenheitsarbeiter (m), *casual labourer*
gelegentlich, *occasional, on occasion*
gelten, *be valid; be considered as; be meant for*
Geltung (f), *currency; validity*
Gelüst (n), *desire*
Gemurmel (n), *murmuring*
General-/leutnant (m), *lieutenant-general.* -major (m), *major-general*
Genf, *Geneva*
genial, *ingenious*
genußsüchtig, *pleasure-seeking*
Gepäck (n), *luggage*
Gepflogenheit (f), *custom, habit*

geradeaus, *straight on*

geraten, *get (into); find one's way*

Geräusch (n), *noise, bustle*

gereizt, *angry, irritated*

Geruch (m), *smell, scent*

Gerücht (n), *rumour*

Gesang (m), *song*

gescheit, *clever, sensible*

geschickt, *clever*

Geschöpf (n), *creature*

geschwind, *quick*

Geschwister (plur.), *brothers and sisters, brother and sister*

Geselle (m), *fellow*

gespannt, *excited, tense*

Gespenst (n), *spirit, ghost*

gespreizt, *wide apart*

Gestirn (n), *star*

Gesträuch (n), *shrubs, bushes*

Getränk (n), *drink*

gewahren, *notice, observe*

Gewässer (n), *pond, expanse of water*

Gewehr (n), *gun, rifle; arms*

Gewitter (n), *thunderstorm*

geziert, *affected*

gierig, *greedy, covetous*

giraffeneinsam, *lonely as a giraffe*

Gittertorte (f), *cake with trellis-shaped decoration*

Glatze (f), *bald head*

Gleichgültigkeit (f), *indifference*

gleichmütig, *even-tempered, calm*

gleichwohl, *yet, still, nevertheless*

Gleis (= Geleise) (n), *railway-track*

gleiten, *glide, slip*

glimmern, *glimmer, glint*

glitzern, *glitter*

Glückskind (n), *lucky fellow*

Goldschnitt (m), *gilt edge*

gönnen, *not grudge*

Gottesacker (m), *cemetery*

Gotteswillen; um Gotteswillen, *for goodness' sake!*

Grad (m), *degree (centigrade)*

Grashalm (m), *blade of grass*

gräßlich, *awful, horrible*

Grasstreifen (m), *strip of grass*

gratulieren, *congratulate*

Grau(e)n (n), *terror*

grauenhaft, *horrible*

grausam, *cruel, hard*

Greis (m), *old man*

Greisenhaftigkeit (f), *senility*

Greisin (f), *old woman*

grell, *glaring, harsh*

grenzen, *border*

grenzenlos, *unlimited, unbounded*

griesgrämig, *peevish, morose*

Griff (m), *handle*

grimmig, *fierce, savage*

grinsen, *grin*

grob, *crude, rough*

grollen, *rumble, thunder*

Grönland (n), *Greenland*

groß-/ziehen, *bring up, rear.* -zügig, *generous, grand*

grübeln, *brood*

Grund (m), *bottom, ground; background; reason;* der Sache auf den Grund kommen, *get to the bottom of the business*

Grundstück (n), *property, premises*

grünhelmig, *green-helmeted*

Grünstreifen (m), *strip of grass*

gültig, *valid*

Güter-/wagen (m), *truck.* -zug (m), *goods train*

gutmütig, *kindly, good-hearted*

Guts-/besitzer (m), *landowner.* -herrschaft (f), *owners of an estate.* -hof (m), *estate, farm*

haar-/genau, *very exact, very accurate.* -scharf, *very close*

haften, *stick, fix*

Häftling (m), *prisoner*

Haken (m), *hook*

halbwüchsig, *adolescent*

hallenähnlich, *hall-like*

halten, *hold, keep; stop;* halten für, *consider as, regard as;* (refl.), *hold on to*

Halter (m), *holder; candlestick*

Haltung (f), *bearing*

hämisch, *spiteful, malicious*

hämmern, *hammer*

Hand (f), *hand;* einem die Hand geben, *shake hands with someone;* im Handumdrehen, *in a turn of the hand, in no time*

Händeklatschen (n), *clapping of hands*

Handgriff (m), *hand movement*

Handwerksbursch (m), *artisan*

hantieren, *bustle about*

Hantierung (f), *action, operation*

Härte (f), *hardness, intensity*

häßlich, *ugly*

Hast (f), *haste, hurry*

hastig, *hurried, hasty*

hauen, *strike a blow, strike out*

Haufen (m), *heap*

Haupt-/büro (n), *head-office.* -sache (f), *main thing.* -sächlich, *chiefly.* -straße (f), *main road*

Haus-/halt (m), *household.* -tür (f), *door of the house; front door.* -vater (m), *father of the family*

Heck (n), *stern*

heften, *fasten, fix*

Heiland (m), *Saviour*

heimfinden, *find the way home*

Heimkehr (f), *homecoming*

heimkehren, *return home*

Heim-/weg (m), *way home.* -weh (n), *homesickness*

heiraten, *marry*

heiser, *hoarse*

hell-/blau, *light blue.* -grün, *light green.* -haarig, *light-haired, fair*

Helm (m), *helmet*

henken, *hang*

heran-/donnern, *come thundering up* -fauchen, *come hissing up.* -treten *step up*

heraufblinzeln, *blink up, glance up*

Herausforderung (f), *challenge*

heraus-/helfen, *help out.* -kommen *come out, come from; become known transpire.* -reißen, *tear out, pull out* -rufen, *call out; turn out (the guard)* -rutschen, *slip out, slide out.* -schreien *cry out.* -stecken, *stick out, put out* -stellen (refl.), *prove to be, turn out to be* -ziehen, *pull out*

herbei-/laufen, *run up, come running up* -rufen, *call in, call over*

her-/geben, *give up, hand over; tell, furnish* -hetzen, *chase along.* -nach, *afterwards*

Herrenhaus (n), *manor-house*

herrisch, *masterful, imperious.*

Herrschaft (f), *mastery, rule;* (plur.) *ladies and gentlemen*

herrühren, *derive from, arise from*

herüber-/sehen, *look across.* -tragen *carry across*

herum-/fahren, *turn round.* -kommen, *go about, get around.* -reisen, *travel about.* -sitzen, *sit around*

herunter-/bücken (refl.), *bend down* -fegen, *sweep down, bring down* -klettern, *climb down.* -nehmen, *take down.* -rasen, *rush down.* -sausen, *hurtle down, rush down*

hervor-/rufen, *evoke, call forth.* -ziehen, *draw forth, drag out*

herzoglich, *ducal*

heulen, *howl*

Heuschrecke (f), *grasshopper*

Himbeerstrauch (m), *raspberry-bush*

hinabsteigen, *go down, descend*

hinauf-/greifen, *grasp up into.* -klettern, *climb up.* -nehmen, *take up.* -schrauben (refl.), *make its way up (with a screwlike movement)*

hinaus-/gehen, *go out.* -halten, *put out, hold out.* -laufen, *run out.* -reden (refl.), *use as a pretext.* -schwimmen, *swim out.* -wagen, *venture out, venture.* -wehen, *blow out, waft out.* -werfen, *squander, waste.* -zerren, *pull out, drag out*

Hin- und Herbewegen (n), *moving to and fro*

hin-/blicken, *look, look towards.* -deuten, *hint at*

hindurchgehen, *go through*

hinein-/passen, *fit in.* -schaukeln, *rock into*

hin-/fahren, *go there.* -gegen, *on the other hand.* -gehen, *go there.* -hämmern, *hammer away.* -hören, *listen, pay attention.* -kommen, *come there, go there.* -legen, *put down.* -neigen (refl.), *turn towards.* -setzen (refl.), *sit down.* -stellen, *put out, set out; (refl.), stand, place oneself somewhere*

hinten, *behind, at the back*

hintereinander, *in succession, one after another*

Hinter-/eingang (m), *rear entrance.* -front (f), *rear.*

hinterher, *afterwards*

hinüber-/fahren, *go over, travel over.* -wechseln, *change over*

hinunter-/gehen, *go down.* -klettern, *climb down.* -sausen, *hurtle down, rush down.* -steigen, *go down, descend*

hinwegblicken, *look away*

hin-/wehen, *blow about, blow on.* -weisen *point out to, bring to the notice of.* -zaubern, *conjure up.* -ziehen, *attract, draw*

hinzu-/drängen, *press near, press close.* -fügen, *add.* -ziehen, *consult, bring in*

Hinzuziehung (f), *consultation*

Hirn (n), *brain(s)*

Hitze (f), *heat*

hoch-/klappen, *clap up, turn up.* -rädrig,

high-wheeled. -reißen, *jerk up, pull up.* -sausen, *rush up high.* -springen, *jump up*

Hocker (m), *stool; puff*

höflich, *polite*

hohl, *hollow*

Hölle (f), *hell*

Holz-/klotz (m), *block of wood.* -stuhl (m), *wooden chair.* -waggon (m), *timber-truck*

hörnern, *of horn*

Hose (f), *trouser(s)*

Hosentasche (f), *trouser-pocket*

Hostie (f), *host, consecrated wafer*

Hügel (m), *hill*

hungern, *be hungry; starve*

hüten (refl.), *take care*

Hypothek (f), *mortgage*

immer-/fort, *all the time.* -hin, *all the same, still*

imstande, *capable of, in a position to*

Infanterieknall (m), *infantry discipline*

inmitten, *in the midst of*

innehalten, *stop, pause*

Instruktion (f), *orders, instructions*

irgend-/(et)was, *something or other.* -wer, *somebody or other.* -wie, *somehow or other.* -wo, *somewhere, anywhere.* -woher, *somewhere, from some place or other.* -wohin, *somewhere, to some place or other*

Jacht (f), *yacht*

Jacke (f), *jacket*

Jagd-/besteck (n), *hunting cutlery.* -wagen (m), *light carriage, trap*

Jahrzehnt (n), *decade*

jederzeit, *at all times*

jedesmal, *every time*

jeher; von jeher, *at all times*

jenseits, *on the other side*

jubeln, *rejoice, shout joyfully*

jugendlich, *youthful*

Kabine (f), *cabin; dressing-room*

Kaffee-/gesellschaft (f), *coffee party.* -trinken (n), *coffee party*

kahl, *bare*

Kaiserhaus (n), *imperial house*

Kalesche (f), *calash, light carriage*

Kalk (m), *plaster*

Kälte (f), *cold*

Kamin (m), *chimney; funnel (of a ship)*

Kaminkehrer (m), *chimney-sweep*

Kamm (m), *comb*

Kaninchenpelz (m), *rabbit-fur*

Kanzleihandschrift (f), *official-style hand-writing*

Kapelle (f), *band, orchestra*

Kapitänsnest (n) (plur.), *clusters of houses where captains live*

Kapstadt, *Cape Town*

karg, *mean, stingy*

Kartenspiel (n), *pack of cards*

Kartoffel-/salat (m), *potato-salad.* -schalen (f) (plur.), *potato peelings*

Kaserne (f), *barracks*

Kasino (n), *club, casino*

Kasse (f), *box-office*

Kegelbahn (f), *skittle-alley, skittle-ground*

Kehle (f), *throat*

kehrtmachen, *turn back*

Keller-/decke (f), *cellar ceiling.* -treppe (f), *cellar steps*

Kellnerin (f), *waitress*

kennenlernen, *get to know*

Kerl (m), *fellow*

Kerze (f), *candle*

Kette (f), *chain*

keuchen, *pant, gasp*

Kiefer (f), *pine*

Kiefernstamm (m), *pine-trunk*

kindlich, *childlike*

Kino (n), *cinema*

Kippe (f), *fag-end (of a cigarette)*

kippen, *tip over; lose one's balance*

Kirsche (f), *cherry*

Kirschmarmelade (f), *cherry jam*

kissenduftend, *smelling of cushions, luxurious*

Kiste (f), *box, packing-case*

Kitt (m), *putty*

Kitzel (m), *tickling; titillation, gratification*

kitzeln, *tickle*

klammern (refl.), *cling*

klatschen, *clap*

kleben, *stick*

kleinlich, *petty*

Kleinstadtbahnhof (m), *small-town station*

klettern, *climb*

Klinge (f), *blade (of a sword)*

klirren, *rattle*

klopfen, *knock; tap, pat; break (stones, rubble)*

Klotz (m), *block*

knallen, *bang, clap (down)*

knapp, *scanty, bare; short*

Knechtschaft (f), *servitude*

knien, *kneel*

knirschen, *creak*

Knopf (m), *button*

knurren, *growl; rumble*

kochen, *cook*

Koffer (m), *case*

Kohl (m), *cabbage*

Kohle (f), *coal; charcoal, carbon*

Kohlenwagen (m), *coal-truck*

Kombination (f), *deduction, combination*

kommen, *come;* Wie kommst du darauf? *How did you come upon that?*

Kommißknopf (m), *officiously keen soldier*

Kommunionskleid (n), *Communion dress*

Kompagnie-/exerzieren (n), *company-drill.* -führer (m), *company leader, captain*

Königskerze (f), *Aaron's rod, golden rod*

Kontrollmaßnahme (f), *regulation*

Kopfschützer (m), *balaclava*

kostbar, *valuable; precious*

kotzen, *vomit* (vulgar)
Kragen (m), *collar*
krampfen (refl.), *be clenched*
krampfhaft, *convulsive*
Kran (m), *crane*
kränken, *offend;* (refl.), *be offended*
Kränkung (f), *offence, annoyance*
Kranz (m), *wreath*
kreischen, *scream, shriek*
Kreisel (m), *top*
Kreuz (n), *cross;* kreuz und quer, *zigzag, this way and that*
kreuzen, *cross*
Kriegsschmuck (m), *war decorations*
kritzeln, *scribble*
krumm, *crooked*
Krüppel (m), *cripple, afflicted person*
Küche (f), *kitchen*
Kuchen (m), *cake*
Küchen-/anbau (m), *kitchen-annex, out-house.* -mädchen (n), *kitchen-maid*
Kuckuck (m), *cuckoo; deuce, devil*
kühl, *cool*
Kulisse (f), *wing* (theatr.)
kümmerlich, *wretched, miserable*
kümmern, *worry, concern*
Kunst-/produkt (n), *manufactured article.* -stück (n), *trick, turn*
Kurs (m), *course*
Kußhand (f), *kissing one's hand;* eine Kußhand zuwerfen, *blow a kiss*
Kutscher (m), *coachman*

Lachen (n), *laugh, laughter*
lächerlich, *ridiculous*
Lachlust (f), *inclination to laugh*
laden, *load; invite*
lahm, *lame*
lähmen, *fetter, make lame*
landen, *land*
Landschaft (f), *landscape, countryside*
Landungssteg (m), *landing-place*

längsseits, *along the side*
längst, *longest; long ago, for a long time*
Lärm (m), *noise*
lärmen, *make a noise*
lärmend, *noisy*
lasch, *lax*
lässig, *idle, negligent*
Last-/träger (m), *porter; bearer of a burden.* -wagen (m), *heavy van; lorry*
Laterne (f), *(street) lamp*
lauern, *wait impatiently for; lie in wait for*
läuten, *ring (the bell)*
lauter, *nothing but*
Lautstärke (f), *volume;* in halber Lautstärke, *in an undertone*
Lazarett (n), *military hospital*
Lebensmittel (n plur.), *food*
Lebertran (m), *cod-liver oil*
leck, *leaking, leaky*
Leder-/koffer (m), *leather case.* -mütze (f), *leather cap*
Leere (f), *emptiness, void*
leerstehend, *empty, vacant*
lehnen, *lean*
leichtfertig, *thoughtless, frivolous*
leid; es tut mir leid, *I am sorry;* er tut mir leid, *I am sorry for him*
Leidenschaft (f), *passion*
leidvoll, *sorrowful*
Leim (m), *paste, glue*
leisten, *do, achieve;* (refl.), *treat oneself to; afford*
leuchten, *beam, radiate*
Lichtreklame (f), *illuminated advertisement*
lieb, *dear;* mein Lieber, *old chap, old man*
Liegestatt (f), *bed, sleeping-place*
Ligusterhecke (f), *privet hedge*
Likörgläschen (n), *liqueur glass*
Lindenblatt (n), *lime-leaf*
Linienregiment (n), *regiment of the line*
link, links, *left;* Links um, *left about turn*
Lippenstift (m), *lipstick*
lispeln, *lisp*

listig, *cunning, crafty*
Lithographenanstalt (f), *lithographic printing-office*
Loch (n), *hole*
Locke (f), *lock of hair*
lodern, *burn, blaze*
Löffel (m), *spoon*
löffeln, *eat with a spoon*
Lokal (n), *place, premises; public-house, hotel*
losbrechen, *burst forth*
löschen, *put out, extinguish*
losziehen, *run down, inveigh against*
Lotsenhaus (n), *pilot's house*
Löwe (m), *lion*
lüften, *air, expose; raise*
Luftschutzdienst (m), *air-raid duty*
Luftzug (m), *current of air, draught*
Lump (m), *good-for-nothing, rascal*
Lust (f), *inclination; pleasure;* Lust haben, *care to*
lüstern, *lustful*
lustig, *merry, gay;* sich lustig machen, *make fun of*
Lustschrei (m), *cry of pleasure, of happiness*

machen, *make, do;* von den Ohren machen, *remove from the ears*
Magd (f), *maid, maidservant*
mager, *thin, lean; narrow*
magisch, *magic, demonic*
Magnolienblatt (n), *magnolia leaf*
Mahlzeit (f), *meal*
malerisch, *picturesque*
Mammutfriedhof (m), *huge cemetery*
man, *one, someone, you;* (Low German) *just, only*
Mannsleute (plur.), *menfolk*
Mantel (m), *coat, overcoat*
Mantelkragen (m), *coat-collar*
Mappe (f), *briefcase*
märchenhaft, *fabulous*
markieren, *mark*

marmorieren, *marble*
Maschinengewehrschütze (m), *soldier at (with) a machine-gun*
maßlos, *immeasurable*
Maßschuh (m), *shoe made to measure*
Matrose (m), *sailor*
matt, *exhausted, jaded; feeble*
Mauerpfosten (m), *wall post*
Maul (n), *mouth (of an animal; vulgar of a human being)*
Maulwurf (m), *mole*
Meldung (f), *announcement, visit*
Messe (f), *mass*
Messer (n), *knife*
Miene (f), *air, expression*
mieten, *hire*
mildern, *soften, alleviate*
mißbilligen, *disapprove*
mißmutig, *ill-humoured, discontented*
mißvergnügt, *discontented*
mitbringen, *bring along*
mitgehen, *come along, go with*
mitkommen, *come along, come with*
mitnehmen, *take along, take with*
mitsprechen, *join in, say with*
mittler, *middle; middle-aged*
mittragen, *carry along, carry with*
mitunter, *now and again, from time to time*
Möbel (n plur.), *furniture*
monatlich, *monthly*
mond-/beschienen, *lit by the moon.* -blau, *blue as the moon*
monden, *moonlit*
Moos (n), *moss*
Mord (m), *murder*
Motorengeräusch (n), *noise of motors*
Möwe (f), *sea-gull*
Möwen-/flügel (m), *sea-gull's wing.* -gelächter (n), *laughter of sea-gulls*
Muck, Mucks (m), *sound, slight sound*
Mücke (f), *fly*
müde, *tired*
Mühe (f), *trouble*

mühe-/los, *easy, without trouble.* -voll,
   troublesome, difficult, weary
Mühle (f), *mill*
Mulde (f), *hollow, dip (in the ground)*
Müll (n), *refuse, garbage*
Müll-/halde (f), *mound of refuse.* -haufen
   (m), *rubbish-heap*
Mundtuch (n), *napkin, serviette*
munter, *lively; gay, merry*
murmeln, *murmur*
mürrisch, *ill-humoured, sullen*
musterhaft, *exemplary*
mustern, *take stock of, eye, inspect*
mutig, *courageous*
Mütze (f), *cap*

nachahmen, *imitate*
Nachbar (m), *neighbour*
nachdenken, *consider, reflect*
nachdenklich, *meditative, pensive*
Nachfolge (f), *succession*
nachforschen, *investigate, inquire into*
nachgeben, *give way*
nachgrübeln, *brood over*
nachhangen, *give way to; be last in*
nachlassen, *become slack; stop*
nachlässig, *negligent, careless*
nachsegeln, *sail after*
nachstarren, *stare after*
nächstens, *soon; presently*
nächtigen, *spend the night*
nächtlich, *nocturnal*
nachwerfen, *throw after*
nachzittern, *go on quivering*
Nacken (m), *neck*
Nagel (m), *nail*
Narr (m), *fool;* zum Narren halten,
   make a fool of
Nasenloch (n), *nostril*
naß, *wet*
Natter (f), *adder; viper*
Nebel (m), *fog, mist*
nebelhaft, *nebulous, hazy*

Nebenfluß (m), *tributary*
nebenher, *by the way, in passing*
Nebenstelle (f), *branch office*
Neffe (m), *nephew*
neuerlich, *recent, latest*
Neugier (f), *curiosity*
neugierig, *curious*
nichtausmalbar, *unimaginable*
Nichte (f), *niece*
nicken, *nod*
niederlassen (refl.), *settle*
niedlich, *pretty*
Note (f), *note, mark;* persönliche Note,
   idiosyncrasy
Notizbuch (n), *note-book*
Nu (n), *moment;* im Nu, *in an instant*
nüchtern, *sober*
Nummer (f), *number; act, turn*
nuß-/braun, *nutbrown.* -farben, *nut-
coloured*
nützen, *be of use; use*
nutzlos, *useless*

oberflächlich, *superficial*
Oberleutnant (m), *first-lieutenant*
Oberst (m), *colonel*
Obstschale (f), *fruit-dish*
Offizierecke (f), *officers' corner*
Oktav (n), *octavo*
Ölhaut (f), *oil-skins*
ölig, *oily*
Oma (f), *grandma, granny*
Orden (m), *order, decoration*
Ozeanriese (m), *ocean-giant, liner*

packen, *seize; pack*
Papier-/blume (f), *artificial flower.*
   -röllchen (n), *roll of paper*
Pappel (f), *poplar tree*
Paradeanzug (m), *full-dress uniform*
Paß (m), *passport*
passieren, *happen, pass*
peinlich, *painful; scrupulous*

Peitsche (f), *whip*
Pensionat (n), *girls' boarding-school*
pfeifen, *whistle*
Pfeil (m), *arrow*
Pferde-/dieb (m), *horse-thief.* -gefährt (n), *horse-drawn vehicle.* -nüster (f), *horse's nostril.* -rennen (n) *horse-race, race-meeting*
Pfiff (m), *whistle*
Pflasterstein (m), *pavement*
Pflegeeltern (plur.), *foster-parents*
Pflock (m), *post, peg*
pflücken, *pluck*
Pfötchen (n), *little paw, hand*
phantasieren, *dream, day-dream*
Photo (n), *photograph*
Photographie (f), *photograph*
piano (Italian), *soft*
Plage (f), *plague*
plagen, *torment, plague*
Plakat (n), *placard*
Plakatsäule (f), *advertising pillar*
planmäßig, *according to plan, purposeful*
plaudern, *chat*
Plötzlichkeit (f), *suddenness*
Plüschsofa (n), *plush-sofa*
Polizeibehörde (f), *police authority*
Pore (f), *pore*
Portal (n), *porch*
Portiere (f), *curtain before a door*
Portion (f), *allowance, helping*
Posten (m), *sentry; position, post*
Postkutsche (f), *mail-coach*
Pracht (f), *splendour*
prächtig, prachtvoll, *splendid*
Präsentierbefehl (m), *command to present arms*
präsentieren, *present arms*
präsentierenswert, *presentable, worthy of being presented arms*
Präsentiergeschichte (f), *story about presenting arms*
präzis, *precise*

pressen, *press, compress*; mit gepresstem Lachen, *with a forced laugh*
Primel (f), *primrose*
Probe (f), *rehearsal*
probeweise, *by way of trial*
pro forma, (Latin) *as a matter of form*
propellerartig, *propeller-like*
prusten, *snort*; er prustete los, *he burst out laughing, he snorted away*
Puppe (f), *doll*
Putzeimer (m), *bucket for cleaning*
putzen, *clean*
Putzplan (m), *cleaning plan*

quälen, *pain, torment*
Quergasse (f), *street running across*

Rad (n), *wheel*
ragen, *project*
Rampe (f), *footlights*
rangieren, *rank, be classed*
Rasen (m), *grass, lawn*
rasen, *rush about*
Rast (f), *rest*
rasten, *rest*
ratlos, *perplexed*
Ratsch (m), *bang, crash*
rattern, *rattle*
räuberisch, *predatory*
Rauch (m), *smoke*
rauchen, *smoke*
Rauchtisch (m), *occasional table*
raufen, *scuffle, fight*
räumen, *quit, leave*
raus (= heraus), *out*
Rausch (m), *intoxication; bout of drinking*
rauschen, *roar, rush*
rechtgläubig, *orthodox*
rechtsum, *right about turn*
Referat (n), *lecture, paper*
Regen (m), *rain*
Regenhütte (f), *shelter*
Reglement (n), *regulations*

regnen, *rain*
reiben, *rub*
reifen, *mature, ripen*
Reihe (f), *row, line, column*; in Reih und
　Glied, *in rank and file*; der Reihe
　nach, *in turn*
Reisemütze (f), *travelling-cap*
Reisende(r) (m), *traveller*
Reisewagen (m), *travelling-coach*
Rettungsexpedition (f), *rescue expedition*
riechen, *smell*
Riesen-/maul (n), *giant mouth*. -schritt
　(m), *giant step*
riesig, *gigantic*
ringsherum, *round about, right round*
Rinne (f), *gutter, sewer; eaves*
Rittmeister (m), *captain of horse, cavalry
　officer*
Rock (m), *coat; skirt*
Roggenbrot (n), *rye-bread*
Romanze (f), *ballad*
Ronde (f), *round, watch*
Rondeoffizier (m), *officer of the watch*
Rosen-/nebel (m), *mist of roses*. -stock
　(m), *rose-tree*
rosig, *rosy*
rostblind, *rust-blind*
rostig, *rusty*
rot-/bemalt, *red painted*. -gesichtig, *red-faced*
Röte (f), *red colour, redness*
rötlich, *reddish*
Ruck (m), *jerk*
ruckartig, *jerky*
Rückfahrt (f), *return journey*
ruckhaft, *jerky*
Rückseite (f), *back, rear*
Rückweg (m), *way back;* den Rückweg
　antreten, *start on the way back*
rügen, *censure, reprimand*
Ruhestand (m), *retirement*
ruhlos, ruhelos, *restless*
runden, *round off*
Rundgang (m), *round*

runzeln, *wrinkle*
Ruß (m), *soot*
Russe (m), *Russian*
rußig, *sooty*
rüstig, *robust, vigorous*
rutschen, *slide, slip*

sachlich, *factual, matter-of-fact*
sächsisch, *Saxon*
sacken, *settle, sink, slump*
samten, *velvet*
sandfarben, *sand-coloured*
satt, *satisfied, satiated, full*
sättigen, *satisfy, satiate*
Satz (m), *sentence; leap, stride*
sauber, *clean*
säuerlich, *sourish*
saugen, *suck;* sich fest saugen, *attach itself*
Säule (f), *column*
schäbig, *shabby*
schäbigrot, *shabby red*
Schacht (m), *ravine, gorge*
Schädel (m), *skull*
schaffen, *create, make, do;* zu. schaffen
　machen, *give trouble*
schälen, *peel*
schämen (refl.), *be ashamed*
scharren, *scratch*
schattenhaft, *shadowy*
Schauer (m), *horror, fear*
schauerlich, *gruesome*
schaukeln, *rock*
Schaumkamm (m), *crest of foam*
Scheibe (f), *window-pane*
Schein (m), *appearance; brightness;* zum
　Schein, *apparently*
Scheinwerfer (m), *searchlight*
scheißegal (vulgar); mir ist alles
　scheißegal, *I couldn't care less*
Schenkel (m), *thigh*
scheuchen, *scare, frighten*
Scheuerlappen (m), *cloth, rag for cleaning*
scheußlich, *horrible, frightful*

95

schieben, *push*

Schiene (f), *rail*

Schienenstrang (m), *railway-line*

Schiffssirene (f), *ship's siren*

Schild (n), *sign, name-plate, badge*

schillernd, *iridescent, glittering*

schimmern, *glisten, gleam*

schirmen, *protect, cover*

schlaff, *inert*

schläfrig, *sleepy*

Schlaf-/stube (f), *bedroom.* -zimmer (n), *bedroom*

Schlag (m), *blow; explosion; door (of a carriage)*

Schlager (m), *popular song*

schlammig, *muddy*

schlampig, *slovenly, slummy*

Schlange (f), *snake*

schlank, *slim*

Schleckerei (f), *luxury*

schleifen, *drag*

schleppen, *drag*

schleudern, *hurl*

schlicht, *simple, unpretentious*

schließen, *close*

Schloß (n), *lock; castle*

schluchzen, *sob*

schmal, *narrow*

schmallippig, *thin-lipped*

schmecken, *taste, taste good*

schmerzlich, *sad; painful*

Schmierfettgestank (m), *stink of grease*

Schminke (f), *make-up*

schminken, *make up*

schmücken, *decorate*

Schmutz (m), *dirt*

schmutzig, *dirty*

Schnabel (m), *beak*

schnappen, *clutch; snap*

Schnaps (m), *spirits*

schnarchen, *snore*

schnaufen, *snort*

Schnecke (f), *snail*

Schnee (m), *snow*

Schneide (f), *cutting-edge, edge (of a knife), blade*

Schnelligkeit (f), *speed*

Schnellwäscherei (f), *quick-service laundry*

schnüffeln, *sniff; pry about, nose*

Schnur (f), *string*

Schnurrbärtchen (n), *little moustache*

Schnürung (f), *lacing*

Schopf (m), *forelock;* die Gelegenheit beim Schopf ergreifen, *seize the opportunity*

Schoß (m), *lap*

Schottenkleidchen (n), *(child's) plaided frock*

Schotter (m), *stones, gravel*

Schrebergarten (m), *allotment*

Schrei (m), *cry, shout*

Schreibtisch (m), *desk, writing-table*

schreien, *shout; glare, be loud*

schrillen, *cry shrilly*

schütteln, *shake*

schütten, *pour*

Schutthalde (f), *mound of rubble*

schwachsinnig, *imbecile, feeble-minded*

schwanken, *waver, falter; sway*

schwärmen, *be enthusiastic about, be mad about*

schwärzen, *blacken*

schwarzgrünatmend, *dark green breathing*

schwatzen, *chatter, gossip*

schweben, *float; hover;* schwebende Fälle, *cases pending*

schweigsam, *silent*

Schweiß (m), *sweat*

Schweißatem (m), *sweaty breath*

Schwelle (f), *railway-sleeper*

Schwermut (f), *melancholy*

schwermütig, *melancholy*

Schwiegertochter (f), *daughter-in-law*

schwielig, *horny, hardened*

schwindeln, *become giddy*

Schwingung (f), *vibratory movement*

schwirren, *flit, whir*

Schwung (m), *swinging, impetus, vibratory movement*

sechsstöckig, *six-storeyed*

See (m), *lake;* (f), *sea*

Segel (n), *sail*

Segel-/boot (n), *sailing-boat.* -fahrt (f), *sailing trip*

segeln, *sail*

segnen, *bless*

Sehnsucht (f), *yearning, desire*

sehnsüchtig, *yearning*

seicht, *shallow*

seidig, *silken*

Seilschlinge (f), *knotted rope*

seinesgleichen, *his own sort of people*

seitlich, *sideways*

Sekt (m), *champagne*

seltsamerweise, *strangely enough*

senkrecht, *perpendicular, vertical*

Serie (f), *series; round*

seßhaft, *settled; domiciled*

seufzen, *sigh*

Seufzer (m), *sigh*

sicherlich, *surely, certainly*

sicherstellen, *place in security*

silberblank, *silver-glittering*

silbern, *silver*

silbrig, *silvery*

Singsang (m), *singsong*

Singzikade (f), *cricket*

Skatspieler (m), *Skat player (Skat, a popular German card game)*

Sockel (m), *base (of a chimney, wall, etc.)*

sonderlich, *special, particular*

Sonnen-/brille (f), *sun-glasses.* -licht (n), *sunlight.* -strahl (m), *sunbeam, ray of light*

sonnig, *sunny*

sorgsam *careful*

sowieso, *in any case*

spähen, *spy*

Spalt (m), *split*

Spannung (f), *tension*

Spannungstrommelwirbel (m), *suspense drumroll*

sparen, *be sparing; save*

spärlich, *sparse, scanty, poor*

sparsam, *parsimonious, sparing*

Spaß (m), *joke; fun*

Spätaufsteher (m), *late riser*

Spaten (m), *spade*

Spätstück (n), *late breakfast (humorous)*

spazieren, *walk*

speisen, *dine, take a meal*

spenden, *bestow, distribute*

spendieren, *treat*

Sperrholzkabine (f), *room with ply-wood partitions*

Spiegel (m), *mirror*

spiegeln, *reflect*

Spiel (n), *game;* auf dem Spiel stehen, *be at stake*

spinnen-/artig, *spidery.* -dünn, *thin as a spider*

spitz, *sharp*

spitzfindig, *subtle, cunning*

spöttisch, *mocking, jeering*

Sprechweise (f), *manner of speech*

Sprung (m), *jump*

spüren, *feel*

stählern, *steel*

stämmig, *well-set, robust*

Stärke (f), *strength; strong point*

starr, *fixed, staring, rigid*

Staub (m), *dust*

Steg (m), *path; landing-stage*

stehlen, *steal*

steigern, *increase, enhance*

steil, *steep*

Steineklopfen (n), *stone-breaking*

Stein-/kugel (f), *stone ball.* -wald (m), *forest of stone*

stellungslos, *out of work*

sternbestickt, *embroidered with stars*

stetig, *continuous*

Stetigkeit (f), *steadiness, continuity*

stimmen, *be the case; agree*

Stirn (f), *forehead, brow*

Stockwerk (n), *storey, floor*

Stoffetui (n), *case made of material*

stöhnen, *groan*

stolpern, *stumble*

stoßen, *push, thrust; arrive at, come to*

Straffheit (f), *rigidity*

Strahl (m), *ray*

strahlen, *beam, radiate*

Strang (m), *track, rail; cord, rope*

Straßenbahn (f), *tram*

Straßenbahnschrei (m), *shrieking of trams*

Streckenarbeiter (m), *workman on the line, linesman*

streichen, *roam*

streifen, *touch, brush against; brush off*

streiten, *quarrel*

Strick (m), *rope*

stricken, *knit*

strömen, *stream, pour*

Strom-/nebel (m), *river-mist.* -pfeiler (m), *pillar in the river, pier*

Stube (f), *room*

Stück (n), *piece; play; act, thing to do*

Stufe (f), *step; level*

stumm, *silent, dumb*

stumpf, *blunt*

stutzig, *startled, taken aback*

Suche (f), *search*

summen, *hum, buzz*

Süße (f), *sweetness*

Süßigkeit (f), *sweetness; sweet*

Tabak (m), *tobacco*

Tabakfleck (m), *tobacco stain; snuff stain*

tadeln, *blame;* in tadelndem Sinne, *in a derogatory sense*

tanken, *take in petrol;* an Luft tanken, *use air as petrol*

Tänzerin (f), *dancer*

Tapete (f), *wall-paper; tapestry*

Tapetenfetzen (m), *scrap of wall-paper*

tarnen, *conceal, disguise*

Tasche (f), *pocket*

Taschen-/buch (n), *pocket-book (also used as name of a periodical).* -messer (n), *pocket-knife*

Täter (m), *man of action*

Tausch (m), *exchange*

täuschen, *deceive*

Tautropfen (m), *dew-drop*

Teer (m), *tar*

Teerruch (m), *smell of tar*

teilnehmen, *take part*

telegraphieren, *telegraph, wire*

Tellerchen (n), *little plate*

teppichartig, *tapestry-like*

Tischlerleim (m), *glue*

Titulatur (f), *titles*

toben, *rage*

tödlich, *deadly*

toll, *mad; first-rate, exceptional*

Topf (m), *pot, saucepan*

Tor-/buch (n), *gatekeeper's record-book.* -einfahrt (f), *gateway*

torkeln, *reel, stagger*

Torte (f), *cake*

Tor-/wache (f), *guard at the gate.* -wölbung (f), *vaulted arch of the gate*

Totenbett (n), *death-bed*

träge, *lazy, indolent*

Träger (m), *beam*

Tragfähigkeit (f), *bearing capacity*

Trägheit (f), *laziness, indolence*

Tran (m), *(fish-) oil*

Trauerfliege (f), *melancholy fly*

träumen, *dream*

Träumerei (f), *fancy, day-dream*

träumerisch, *dreamy*

Treppe (f), *steps, stairs*

Treppen-/absatz (m), *landing.* -haus (n), *well of a staircase* treten, *step;* auf der Stelle treten, *mark time*

Trinkgeld (n), *tip*

trocken, *dry;* auf dem Trockenen sitzen, *be left high and dry*

trocknen, *dry*

Trommelwirbel (m), *drum roll*

Trost (m), *consolation;* du bist wohl nicht bei Trost? *are you out of your mind?*

trösten, *comfort; console*

trotzig, *defiant*

trüb, *overcast, cloudy; melancholy*

trunken, *drunken, drunk*

tünchen, *distemper, colour*

tunken, *dip*

Turm (m), *tower*

Tusch (m), *fanfare*

überbringen, *present, deliver*

überfüllen, *overfill, overcrowd*

übergehen, *turn into, degenerate into*

überkommen, *overcome*

überlegen (vb), *consider;* (adj), *superior*

übermäßig, *immoderate*

übermütig, *in high spirits, merry; insolent*

überqueren, *cross*

überragen, *overhang*

überrumpeln, *take by surprise, catch napping*

übersegeln, *sail over*

überstreifen, *draw over, pull over*

überziehen, *put on*

überzittern, *overlay tremblingly*

üblich, *usual*

uferaufwärts, *further along the bank*

Ufer-/straße (f), *road on the bank.* -wiese (f), *meadowy bank*

Ulla (= Ursula), *girl's name*

Umarmung (f), *embrace*

umblicken (refl.), *glance round, look round*

Umgang (m), *association, acquaintance*

Umgangsformen (f plur.), *manners*

Umgebung (f), *environment, surroundings*

umherhuschen, *flit about*

Umkehr (f), *turning round*

umkränzen, *festoon*

umkreisen, *circle round*

Umrandung (f), *surround, framework*

Umriß (m), *outline*

Umschau (f), *looking round;* Umschau halten, *look round, look out for*

umsehen (refl.), *look round*

umwälzen, *roll round, roll over*

umwehen, *blow around*

umwenden (refl.), *turn round*

unablässig, *unceasing*

unabwendbar, *inevitable*

unaufhaltsam, *irresistible, not to be stopped*

unaussprechlich, *inexpressible, ineffable*

unbändig, *uncontrollable*

unbarmherzig, *cruel, merciless*

unbegreiflich, *incomprehensible*

unbegrenzt, *unlimited*

unbestechlich, *incorruptible, unbribable*

Unendlichkeit (f), *infinity, endlessness*

unentbehrlich, *indispensable*

unerbittlich, *inexorable*

unerklärlicherweise, *inexplicably*

unerschütterlich, *immovable, unshakable*

unfruchtbar, *unfruitful, barren*

ungastlich, *inhospitable*

ungebildet, *uneducated, ill-bred*

Ungeduld (f), *impatience*

ungeduldig, *impatient*

Ungeheuer (n), *monster*

ungemein, *extraordinary, uncommon*

ungeschickt, *clumsy*

ungezwungen, *unconstrained*

unglaublich, *incredible*

Unheil (n), *evil*

unheimlich, *dismal, sinister; tremendous, immense*

unmerklich, *imperceptible*

unselig, *unblessed, unfortunate*

unsereins, *the likes of us*

Unsinn (m), *nonsense*
unsterblich, *immortal*
unterbringen, *accommodate, quarter*
Untergang (m), *destruction, extinction, collapse*
untergehen, *set, sink; disappear, be lost*
Unterhaltung (f), *conversation*
Unterhaltungsgabe (f), *conversational gift*
Unterlage (f), *base, something laid underneath something else*
Unterlippe (f), *lower lip*
Untermalung (f), *painting in, filling in*
unternehmungslustig, *enterprising*
Unteroffizier (m), *non-commissioned officer*
Unterredung (f), *conversation, interview*
unterschiedlich, *variable*
unterschlüpfen, *slip in*
unterschreiben, *sign*
untertauchen, *dive, plunge*
unterwegs, *on the way*
unterziehen, *submit*
untröstlich, *inconsolable*
ununterbrochen, *uninterrupted*
unverändert, *unchanged*
unvergänglich, *everlasting, permanent*
unverkennbar, *unmistakable*
unvermeidlich, *unavoidable*
unvermittelt, *sudden, abrupt*
unwillig, *displeased, indignant; unwilling*
unwillkürlich, *involuntary*
üppig, *luxurious*
Urtier (n), *prehistoric animal*
Urwald (m), *primeval forest*

Variété (n), *variety-theatre*
Vati (m), *daddy*
verabschieden (refl.), *take leave*
verächtlich, *contemptible; contemptuous*
veralten, *grow obsolete, become out of date*
verantwortlich, *responsible*
verbeugen (refl.), *bow*
verbitten (refl.), *refuse, forbid*
verbrennen, *burn*

verdammen, *damn; condemn*
verdämmern, *fade away*
Verdeck (n), *cover*
verderben, *spoil*
verdüstern (refl.), *become clouded*
Verehrung (f), *respect*
vereinsamt, *isolated*
Vereinsamung (f), *loneliness, feeling of isolation*
verfallen, *fall, decay; auf etwas verfallen, think of something, hit upon something*
Verfügung (f), *order, decree; zur Verfügung, at the disposal of*
verführen, *mislead; seduce*
Vergangenheit (f), *past*
vergänglich, *transient*
vergehen, *fade away, vanish*
Vergessenheit (f), *oblivion*
vergeßlich, *forgetful*
Vergnügen (n), *pleasure*
vergnügt, *happy, pleased*
Vergnügung (f), *entertainment*
verhalten (refl.), *behave, be, react*
verhandeln, *negotiate*
verheißen, *promise*
verheißungsvoll, *promising, full of promise*
Verhör (n), *interrogation*
verhungern, *starve*
Verkauf (m), *sale*
verkaufen, *sell*
Verkehr (m), *intercourse, contact; society; traffic*
verkehren, *come and go, frequent, travel*
verkennen, *deny; fail to recognize*
verklären, *transfigure*
verkommen, *decay, go to ruin*
verlängern, *lengthen, extend*
verlassen, *leave; (refl.), depend on*
verlaufen, *disperse, be scattered; (refl.), go astray, lose one's way*
verlegen, *embarrassed*

verletzend, *offensive, cutting*

verleugnen, *deny*

Verliebtheit (f), *state of being in love*

vermerken, *note*

vermischen (refl.), *mix, mingle*

Vermutung (f), *conjecture; suspicion*

Verpflegung (f), *provisioning, diet; board; tending, nursing*

verrückt, *mad*

versagen, *break down, give up*

versäumen, *neglect, miss*

verschaffen, *procure*

verschenken, *give away, make a present of*

Verschleierung (f), *veiling*

verschlossen, *reserved, closed*

verschlucken, *swallow*

verschmitzt, *knowing, roguish*

verschrumpfen, *shrivel up, shrink*

verschütten, *bury, bury alive*

verschweigen, *suppress, conceal*

Verschwender (m), *spendthrift*

Versehen (n), *oversight, mistake*

verspüren, *feel*

verständnislos, *without comprehending*

verständnisvoll, *understanding, appreciative*

verstecken, *conceal*

verstehen, *understand*; sich zu etwas verstehen, *consent, acquiesce*

verstockt, *impenitent, obdurate*

verstoßen, *offend*

verstummen, *become silent*

vertragen (vb), *tolerate;* (adj), *worn, worn out*

verträumen, *dream away*

vertraut, *familiar*

verursachen, *cause*

verurteilen, *condemn*

verwaist, *orphan*

Verwalter (m), *steward, manager*

Verwandte(r) (m), *relative*

verwechseln, *mistake, confuse*

verwirklichen, *make real, realize*

verwirren, *confuse*

Verwunschene(r) (m), *someone who is under a spell, someone bewitched*

verzerren, *distort, twist*

verziehen, *twist, distort;* den Mund zum Lächeln verziehen, *put on a forced smile*

Verzögerung (f), *delay, protraction*

verzweifeln, *despair*

verzweifelt, *despairing, hopeless*

Verzweiflung (f), *despair*

Vetter (m), *cousin*

viergleisig, *four-track, with four lines*

Viertel (n), *quarter; district*

Vogel (m), *bird*

vögeldurchjubelt, *filled with rejoicing birds*

Volkssturm (m), *Home Guard*

vollends, *wholely, entirely*

vollführen, *execute, carry out*

Vorabend (m), *previous evening*

vorangehen, *go in front*

Voraussetzung (f), *assumption; hypothesis*

vorbei-/fahren, *go past, travel past.* -flitzen, *flip past.* -kommen, *come past.* -schreiten, *step past*

vorbeugen (refl.), *bend forward, lean forward*

Vorbote (m), *preliminary symptom*

vorder, *front*

Vorder-/front (f), *front.* -seite (f), *front*

Vorgang (m), *event, occurrence*

vorgehen, *go in front*

Vorgeschichte (f), *prelude, pre-history*

vorgeschoben, *advanced*

Vorgesetzte(r) (m), *superior, senior officer*

Vorhaben (n), *intention, plan*

vorhalten, *hold before*

Vorname (m), *Christian name, first name*

vornehmen (refl.), *intend, make up one's mind;* wieder vornehmen, *resume*

Vorort (m), *suburb*

vorrücken, *move forward, advance*

vorschieben, *push forward*

vorsehen, *provide for, anticipate*

vorsetzen, *place before*

vorsichtig, *careful*

vorsorglich, *provident, thoughtful*

Vorstadt (f), *suburb*

vorstellen, *introduce*

Vorstellung (f), *conception, idea; performance*

vortragen, *recite, lecture, perform; carry before*

vortreten, *step forward*

vorüber-/gehen, *pass.* -kommen, *come by, pass.* -laufen, *run past.* -rollen, *roll past.* -rumpeln, *lumber over, rumble over.* -schreien, *shout over*

vorwagen (refl.), *venture forth, advance boldly*

vorwärtsrumpeln, *rumble forward, lumber forward*

vorwurfsvoll, *reproachful*

Vorzimmer (n), *anteroom*

Vorzug (m), *merit; advantage*

Wache (f), *guard, watch;* die Wache haben, *be on guard*

Wächterin (f), *warder, keeper*

Wacht-/lokal (n), *guardroom.* -reglement (n), *guards' regulations.* -stube (f), *guardroom*

wack(e)lig, *rickety*

Wagen (m), *carriage; car*

Waggon (m), *carriage; truck*

wahrnehmen, *perceive, notice*

Wald-/boden (m), *forest earth.* -einsamkeit (f), *woodland solitude*

Walzer (m), *waltz*

Wander-/ratte (f), *migrant rat.* -richtung (f), *direction of wandering.* -trieb (m), *wandering instinct*

wanken, *shake, wobble*

Wäsche (f), *washing; clothes, linen*

waschen, *wash*

Wasservorrat (m), *water supply*

Watt (n), (Low German) *low beach, sand-banks*

wattig, *like cotton-wool*

weg-/treten, *fall out; step aside.* -wandern, *wander off; emigrate.* -werfend, *disdainful.* -ziehen, *depart; emigrate*

Weidenstamm (m), *trunk of a willow-tree*

weigern (refl.), *refuse*

Weihnachts-/lied (n), *Christmas carol.* -zuteilung (f), *Christmas allocation*

Weile (f), *while, time*

Weite (f), *width, extent*

weiter-/fahren, *go further, drive on.* -gehen, *go on, go further.* -treiben, *go on driving, continue to drive.* -ziehen, *proceed further, go on*

weitläufig, *detailed, long-winded*

Welle (f), *wave*

Welt-/anschauung (f), *philosophy of life.* -plan (m), *scheme of the universe*

Wendeltreppe (f), *winding staircase*

Werft (f), *wharf*

Werk-/statt (f), *workshop.* -tag (m), *working day*

Werst (f), *verst* (Russian, (ca. 1170 yards)

widerfahren, *befall*

Widerstand (m), *resistance*

wieder-/kehren, *return.* -kommen, *come again.* -sehen, *see again*

Wiese (f), *meadow*

Wiesenschnecke (f), *meadow snail*

Wildwesthut (m), *cowboy-hat*

willig, *willing*

wimmeln, *swarm, teem*

wimmern, *whimper, whine*

Wimper (f), *eyelash*

Windel (f), *nappy*

Wink (m), *hint, sign*

winken, *wave*

winzig, *small, slight, tiny*

Wipfel (m), *tree-top*
wippen, *swing, rock; balance*
Wirtschaftshof (m), *farmyard*
wittern, *scent*
wöchentlich, *weekly*
wohltuend, *beneficent*
Wohlwollen (n), *goodwill, kind feeling*
Wolke (f), *cloud*
wollüstig, *voluptuous*
womöglich, *perhaps, possibly*
wundern (refl.), *be surprised, wonder*
Wurf (m), *throw*
Wüste (f), *desert, wilderness*

Zahn (m), *tooth*
Zahnbürste (f), *toothbrush*
Zärtlichkeit (f), *fondness, tenderness*
Zauber (m), *enchantment, magic*
Zauberergeste (f), *magician's gesture*
Zeigefinger (m), *index-finger*
Zelle (f), *cell*
Zelt (n), *tent*
zerlumpt, *in rags*
zerren, *pull, tug*
zerrütten, *upset; derange*
zerschneiden, *cut up*
zersplittern, *split, break to splinters*
Zerstäuber (m), *sprayer*
Zettel (m), *slip of paper*
Zikade (f), *cricket*
Zirkuswagen (m), *circus-truck*
zirpen, *chirp*
zischen, *hiss*
zitieren, *cite, summon; quote*
zitt(e)rig, *tremulous*
Zivilist (m), *civilian*
Zivilstand (m), *civilian class*
zornig, *angry*
zublicken, *look on, observe*
zucken, *shrug (shoulders); jerk, move, twitch*
zudecken, *cover up, conceal*
zudem, *besides, moreover*

zudrehen, *shut off, turn off; turn towards, face*
zuflüstern, *whisper to*
Zug (m), *train; squad, section; (plur.), features*
zugehen, *go up to; be, happen*
zugute, *to the benefit of*
Zuhörer (m), *listener*
zuknallen, *slam, slam to*
zuknöpfen, *button up*
zukommen, *be due to; auf ihn zukommen, come up to him*
zulassen, *permit, agree to*
zulegen (refl.), *acquire*
zumeist, *mostly, for the most part*
zumindest, *at least*
zumute; mir ist zumute, *I feel*
zündend, *inflammatory, infectious*
zuneigen (refl.), *incline, bend forward*
Zunge (f), *tongue*
zunicken, *nod to*
zuraunen, *whisper to*
zurück-/fahren, *go back, travel back.* -gehen, *go back.* -holen, *fetch back.* -kehren, *return.* -klettern, *climb back.* -rufen, *call back.* -stecken, *put back.* -treten, *step back, go back.* -ziehen (refl.), *withdraw*
zurufen, *call to*
zusammenfassen, *gather together*
zusammen-/pressen, *press together.* -raffen, *snatch up; summon together.* -rollen, *roll up.* -stellen, *deduct, work out*
Zusatzbefehl (m), *supplementary command*
Zuschauer (m), *spectator*
Zuschauerraum (m), *auditorium, house*
zuschießen, *shoot towards*
zuschlagen, *hit at, strike*
Zusehen (n), *observation*
zusehen, *observe, watch*
zustoßen, *happen*
zustürzen, *rush towards*

zutorkeln, *stagger towards*

zutreffen, *apply*

zutrinken, *drink to someone's health*

zuwerfen, *slam, bang*

zuziehen (refl.), *draw upon oneself*

zweispännig, *drawn by two horses*

Zwieback (m), *biscuit*

Zwiebel (f), *onion*